LES CHEMINS DE LA SAGESSE

THOMAS RÖMER

LES CHEMINS DE LA SAGESSE

Édition augmentée

LES ÉDITIONS DU CERF

www.editionsducerf.fr
24, rue des Tanneries
75013 Paris

ISBN 978-2-204-13513-9
ISSN 2417-7377

AVANT-PROPOS

La sagesse de la Bible hébraïque ou de l'Ancien Testament paraît souvent suspecte aux commentateurs et théologiens chrétiens, et cela pour deux raisons au moins.

En lisant par exemple la deuxième partie du livre des Proverbes, on est frappé par les expériences les plus quotidiennes et les plus triviales qui s'y font jour, et par des sentences qui reflètent un utilitarisme apparemment peu théologique. D'autre part, dans de nombreux textes, le Dieu d'Israël n'est même pas mentionné.

À quoi bon une telle littérature profane, dont beaucoup ont du mal à comprendre l'entrée dans les Bibles du judaïsme et du christianisme ? Tandis que la plupart des livres de la Bible hébraïque mettent en relief la relation particulière entre le Dieu d'Israël et son peuple, la sagesse biblique se place d'emblée du côté de l'universel. Elle partage les préoccupations des sages de la Mésopotamie, du Levant, de l'Égypte, voire du monde entier. Cet universalisme a semblé suspect à certains théologiens dans la mesure où il pourrait diluer la spécificité du message biblique.

On comprend donc que la sagesse biblique n'ait pas bonne presse chez les théologiens. Il n'empêche que les livres de Job et de Qohéleth (l'Ecclésiaste), qualifiés de livres de sagesse, comptent parmi les plus connus et les plus appréciés du patrimoine biblique, notamment chez ceux qui se disent non croyants ou éloignés du judaïsme ou du christianisme.

D'ailleurs, l'image un peu caricaturale qu'on trouvait dans certaines présentations s'est largement estompée. On souligne même aujourd'hui les influences sapientielles sur le Nouveau Testament. Selon l'avis des spécialistes, la source la plus ancienne contenant les paroles de Jésus aurait été, en partie du moins, un recueil de sentences de sagesse dont certaines ont des liens avec des proverbes qu'on trouve dans le livre biblique des Proverbes ou de Qohéleth. On comprend également mieux aujourd'hui l'importance du courant sapiential dans la formation de la Bible hébraïque.

Il n'est donc pas inutile de mieux comprendre la sagesse biblique qui constitue un élément important pour l'intelligence des Écritures.

Le parcours proposé se concentre sur les textes sapientiaux de la Bible hébraïque. Les derniers éditeurs de l'Écriture sainte du judaïsme avaient en effet exclu certains livres qui ne sont conservés que par la traduction grecque ancienne dite de la Septante soit parce qu'ils étaient considérés comme trop récents (ainsi le Siracide) soit parce qu'ils n'avaient pas été rédigés en hébreu (la Sagesse de

Salomon). On peut observer que ces deux livres tentent de lier la réflexion sapientielle à la Loi que Dieu a donnée à Israël, et par là d'amoindrir l'universalisme de la sagesse biblique. Or ce sont précisément ces livres qui n'ont pas été retenus. Nous évoquerons brièvement ces textes et d'autres à la fin de l'ouvrage.

INTRODUCTION

Comment définir la sagesse ?

La porte tourne dans ses gonds, et le paresseux sur son lit.

Ne te félicite pas du lendemain, car tu ne sais pas ce qu'aujourd'hui enfantera.

Un anneau d'or au groin d'un porc, telle est la femme belle mais dissolue.

Ces paroles se trouvent dans la Bible, et plus précisément dans le livre des Proverbes (Pr 26, 14 ; 27, 1 ; 11, 22), ce livre qu'on désigne habituellement, ainsi que ceux de Job et de Qohéleth, comme des livres de sagesse, ou livres sapientiaux. Mais doit-on être particulièrement *sage* pour fabriquer de tels proverbes et saisir leur signification ? D'où la question : qui donc est sage ? qu'est-ce que la sagesse ?

Du savoir-faire au savoir-vivre

Il faut bien avouer que les définitions proposées par les spécialistes de la Bible pour définir la sagesse biblique restent assez floues. On ne trouve guère de critères précis qui permettraient de dire en quoi consiste exactement cette sagesse.

Essayons néanmoins de cerner ses contours. On peut commencer par une constatation négative : la sagesse biblique ne correspond pas entièrement à notre conception occidentale, plutôt intellectuelle et théorique selon la définition qu'en donnait Descartes (1596-1650) : « La sagesse est la parfaite connaissance de toutes les choses que l'homme peut savoir. »

Ce n'est pas le cas dans la Bible hébraïque. En hébreu, la racine des mots que l'on traduit par *sage*, *sagesse*, a d'abord un sens tout à fait pratique, voire utilitaire. Ainsi un ouvrier capable est appelé *sage* (Ex 36, 8), de bonnes fileuses sont *douées de sagesse* (Ex 35, 25s), un commerçant devient riche grâce à sa *sagesse* (Ez 28, 4s), et même les ministres d'un gouvernement entrent dans la catégorie des *sages* (Jr 50, 35 ; Es 19, 11).

On le voit, la sagesse évoque l'idée d'un savoir-faire, la capacité d'affronter et de maîtriser les tâches concrètes de la vie quotidienne. Le sage est quelqu'un qui possède ce savoir-faire. Et n'importe qui peut, à cet égard, être sage.

C'est dire qu'à l'origine la sagesse n'est pas liée à une certaine classe sociale. Cependant, des *sages* semblent avoir aussi exercé une fonction ou une profession précise à la cour des rois. Le livre de Jérémie indique que les trois groupes sociaux qui se partageaient le pouvoir à Jérusalem étaient les prêtres, les prophètes et précisément les *sages* (Jr 18, 18).

Comment expliquer ce passage d'une sagesse « populaire » et ouverte à tous à une sagesse de professionnels ? La plupart des sentences sapientielles de l'Ancien Testament se trouvent dans le livre des Proverbes. Or, ce recueil a été rassemblé dans un but précis : fixer par écrit ce « savoir-vivre » pour le transmettre, et surtout l'enseigner. C'est pour cela qu'on a eu besoin de professionnels.

Égypte

Mais avant d'examiner le contenu de cet enseignement, il n'est pas inutile de rappeler que la sagesse ne fut pas quelque chose de spécifique à Israël. La Bible elle-même dit que toutes les nations la possèdent (Jr 10, 7). Elle évoque celle d'Assyrie (Es 10, 13), de Babylone (Es 47, 10), d'Edom (Jr 49, 7), et surtout celle d'Égypte (Es 19, 12). La pensée et la littérature sapientiales sont en effet un phénomène universel.

Nombreuses sont d'ailleurs les cultures étrangères qui ont laissé des traces dans les livres bibliques. La sagesse est donc un phénomène international et le milieu des sages en Juda a dû avoir connaissance de la production littéraire de ses voisins. Nous les présenterons brièvement.

La sagesse mésopotamienne

L'akkadien connaît le terme de *nemequ* que l'on traduit souvent par sagesse. Ce mot est en partie comparable à l'hébreu *khakam* puisqu'il renvoie à l'habilité et la compétence et s'étend à tous les domaines de la vie.

Les textes de sagesse les plus anciens, sumériens, nous sont parvenus dans des copies d'école. Il s'agit de proverbes, de fables, d'instructions et de disputations. Cette littérature a été enseignée dans « la maison des tablettes » par des scribes chefs aux apprentis scribes. Le texte le plus important de la sagesse sumérienne est *L'Enseignement de Shuruppak* à son fils Ziusudra, le Noé babylonien, mis par écrit vers la fin du troisième millénaire avant notre ère. Cette instruction contient des conseils pour un comportement social et moral approprié (« ne sois pas cause d'une querelle, ne te fais pas mépriser », « si tu as bu de la bière, ne plaide pas ») et comporte de nombreux parallèles aux enseignements égyptiens et au livre des Proverbes (par exemple l'appel « mon fils, je vais te donner un conseil » qu'on retrouve en Pr 1, 10 ; 2, 1, etc.). Shuruppak, qui est le nom d'une ville, apparaît ici comme nom d'un roi antédiluvien. Apparemment, comme c'est le cas en Égypte et en Juda, le compilateur des proverbes sumériens a voulu mettre sa composition sous l'autorité d'un roi sage du lointain passé. Son fils Ziusudra apparaît également comme enseignant la sagesse dans le récit sumérien Gilgamesh et la mort. Ce récit, contrairement à l'enseignement de Shuruppak, souligne que l'instruction de Ziusudra inclut également une composante religieuse, la transmission des rites de Sumer.

Cette tradition de Ziusudra joue un rôle important pour la sagesse mésopotamienne ; elle souligne la connexion étroite entre la sagesse, la royauté et un savoir remontant aux temps les plus reculés.

Une autre figure importante de la tradition sapientiale mésopotamienne est celle de Gilgamesh. Il symbolise le roi postdiluvien qui doit réapprendre les fondements de la sagesse. Dans la version ancienne de l'épopée du deuxième millénaire, la sagesse apparaît comme la connaissance que Gilgamesh a acquise lors de son voyage initiatique après la mort de son ami Enkidu. La cabaretière Siduri ainsi qu'Utnapishtim (le rescapé du déluge) lui apprennent que la mort est le destin de l'homme auquel il ne peut échapper et que l'homme doit par conséquent adopter une attitude de « Carpe diem » :

> Quand les dieux ont créé l'humanité, c'est la mort qu'ils ont réservée à l'humanité ; la vie ils l'ont retenue pour eux entre leurs mains. Toi Gilgamesh, que ton ventre soit repu, jour et nuit, réjouis-toi [...], que tes vêtements soient immaculés, la tête bien lavée, baigne-toi à grande eau ; contemple le petit qui te tient par ta main, que la bien-aimée se réjouisse en ton sein ! Cela est l'occupation de l'humanité » [Tablette X, col. III, 3-14].

Le même conseil se retrouve dans le livre de Qohéleth rédigé plus d'un millénaire plus tard :

> Va, mange avec joie ton pain et bois de bon cœur ton vin, car Dieu a agréé tes œuvres. Que tes vêtements soient toujours blancs et que l'huile ne manque pas sur ta tête. Goûte la vie avec la femme que tu aimes durant tous les jours de ta vaine existence [Qo 9, 7-9].

Puisque le but de la sagesse babylonienne est l'acquisition de l'intelligence du monde et de la société, les capacités des devins, prêtres et exorcistes y occupent une place importante. Un texte babylonien du VIIIe siècle contient des enseignements adressés à un jeune prince en forme de présages. Le fameux poème *Ludlul bel nemeqi* (« Je veux louer le Seigneur de la sagesse »), écrit au VIIe siècle avant notre ère, a apparemment vu le jour dans le milieu des exorcistes puisque les maladies envoyées par des dieux ne peuvent être guéries que par des spécialistes. Ce poème fait partie d'une vaste littérature mésopotamienne que les biblistes qualifient souvent comme traitant du « Juste souffrant » à cause des parallèles avec le livre de Job. Ces textes révèlent une attitude sceptique par rapport à la possibilité de comprendre le monde et les desseins des dieux qui peuvent agir d'une manière arbitraire. On y trouve le même constat que dans certains documents égyptiens et de nombreux textes bibliques : même quelqu'un qui se comporte selon les règles de la sagesse n'est pas à l'abri du malheur et de la souffrance.

Comme en Égypte ces textes furent copiés et transmis dans des écoles ; et comme en Égypte les scribes occupèrent une position sociale élevée, comme le montre un texte appelé « Louange de l'art d'écrire » : « Savoir écrire est un très bon sort qui produit richesse et abondance. » D'autres textes mettent en scène la « maison des tablettes », l'école où les jeunes gens apprenaient à lire et écrire. On y trouve des satires et aussi des discussions contradictoires qui étaient menées pour apprendre aux jeunes l'art de la compréhension et de l'argumentation.

La sagesse du Levant

Les textes d'Ougarit, une cité-État très prospère sur la côte syrienne, comportent peu de documents de type sapiential, à part un enseignement écrit en akkadien du XIIIe siècle avant notre ère appelé *L'Enseignement de Shube'awilum*, découvert parmi de nombreux textes scolaires. Cette instruction, sans doute de provenance babylonienne, contient des conseils d'un père à son fils qui s'apprête à entreprendre un voyage, ou d'un maître à son élève si le voyage en question symbolise la vie. Ce texte insiste sur la nécessité d'un compagnon (thème qui se retrouve également dans le livre de Qohéleth), car un homme seul ne peut affronter tous les obstacles qui se dressent devant lui. Comme d'autres textes sapientiaux, il exprime un certain machisme ou en tous cas de la méfiance vis-à-vis des femmes : « Ce que contient ta bourse, que ta femme ne l'apprenne pas. »

La *Sagesse d'Ahiqar* fut largement diffusée dans le proche Orient ancien (jusque dans l'île d'Éléphantine dans le sud de l'Égypte. La version araméenne de ce récit didactique a été écrite aux alentours du ve siècle avant l'ère chrétienne, il se base peut-être sur un original mésopotamien, rédigé en akkadien. Les formes des proverbes contenus dans la partie centrale se retrouvent dans le livre biblique des Proverbes, par exemple les proverbes numériques :

> Voici trois choses qui me dépassent et quatre que je ne comprends pas : le chemin de l'aigle dans le ciel, le chemin du serpent sur le rocher, le chemin du navire en haute mer et le chemin de l'homme vers la jeune femme [Pr 30, 18-19].

Comme le livre de Job, la partie centrale d'Ahiqar est encadrée par un récit en prose qui relate le destin d'Ahiqar, conseiller du roi assyrien et faussement accusé par son neveu. Le roi veut le mettre à mort, mais le bourreau le protège jusqu'à ce que le roi ne comprenne la supercherie et réhabilite son conseiller. Cette histoire reflète la vie de certains « sages » à la cour qui n'était pas dénouée d'un certain nombre de dangers : intrigues, colères des rois, etc. L'histoire d'Ahiqar fut très populaire et a peut-être aussi inspiré des textes bibliques, par exemple le livre d'Esther où le sage Mardochée connaît un destin comparable à celui d'Ahiqar. La grande popularité d'Ahiqar se reflète aussi dans de nombreuses versions qui existent de ce récit : on connaît notamment des versions en syriaque, arabe et éthiopien.

La sagesse égyptienne

La sagesse égyptienne a peut-être eu la plus forte influence sur la sagesse biblique. Les Égyptiens ont inventé le papier et en ont fait grand usage. Ce n'est donc pas un hasard si la profession de scribe jouait chez eux un rôle considérable. Pour apprendre à lire et à écrire, les jeunes gens de l'élite allèrent à l'école (qui se trouvait dans le temple), appelée « maison de vie » *(per-ankh)*. C'est ici qu'on apprenait, mais on y produisait également, on collectionnait et on concevait des discours didactiques. Le professeur était le « père », l'élève le « fils » ; on trouve d'ailleurs les mêmes titres au début du livre des Proverbes (cf. Pr. 1, 8 ; 2, 1 ; 3, 1.12.21 ; 4, 1.3.10.20 ; etc.).

Dans ces écoles, de nombreux textes sapientiaux ont vu le jour, rédigés par des scribes, mais souvent attribués à des rois que l'on considérait comme les sages par excellence (comme *L'Instruction pour Mérikarê*, *L'Instruction d'Amenemhat*, *Sagesse d'Amenemopé*). Ceci s'explique par l'idéologie royale : puisque le pharaon était le fils et le vicaire des dieux sur la terre, c'est à lui que les dieux transmettaient la sagesse. On retrouvera cette idée dans la Bible puisque le livre des Proverbes et celui de Qohéleth sont tous deux attribués au roi Salomon – comme c'est également le cas pour le livre de la Sagesse de Salomon qui se trouve dans la Bible grecque.

En Égypte ancienne, les scribes, transmetteurs de la sagesse, bénéficiaient d'une grande considération. Les scribes étaient conscients de leur position importante ; ils se moquaient d'ailleurs des autres métiers, comme le montre un texte appelé la « Satire des métiers » (*L'Instruction de Dwa-Khéty*, dont la plupart des documents datent du XIIIe siècle avant notre ère). Cette description ironique des autres métiers vise à démontrer la supériorité du scribe :

> Le barbier rase encore tard dans la soirée [...]. Le potier est couvert de terre bien qu'il vive encore parmi les vivants [...]. Le jardinier porte le joug [...]. Le paysan crie plus que les pintades.

Cette énumération aboutit à la conclusion :

> Vois, il n'y a pas de métier sans patron sauf celui du scribe, car c'est lui le patron ! Si tu sais écrire, cela vaudra mieux pour toi que tous les métiers que je t'ai présentés.

Un texte similaire se trouve dans « l'éloge du scribe », dans le livre du Siracide (Sir 38, 24-39, 11).

Dans ce livre, les autres métiers sont certes vus plus positivement, mais ces métiers « ne font briller ni l'instruction ni le droit. On ne les trouvera pas occupés par des proverbes » (38, 33).

Les scribes égyptiens occupaient une position importante sur l'échelle sociale. Il en allait de même en Israël, comme le montrent les critiques que les prophètes adressaient aux sages (cf. Es 29, 14s ; Jr 51, 57).

L'influence égyptienne sur la sagesse biblique est particulièrement perceptible dans une petite collection qui a été intégrée au livre des Proverbes (Pr 22, 17-23, 11). Son auteur s'est en effet largement inspiré du texte égyptien appelé *Sagesse d'Amenemopé*, qui fut rédigé entre 1100 et 1000 avant l'ère chrétienne. et qui a joui d'une grande popularité pendant un millénaire durant lequel il a constamment été recopié. La *Sagesse d'Amenemopé* est organisée en 30 chapitres (AM XXVII, 7-8) ; Pr 22, 20 parle de trente maximes, qu'on a du mal à identifier. Ici, le scribe hébreu a copié sans trop réfléchir.

Ce texte confirme que le milieu social des sages fut élevé car ils avaient accès à la cour royale : « Le scribe expert en sa charge est trouvé digne d'un homme de cour » (VII, 16-17). L'auteur biblique partage la même opinion :

> As-tu aperçu quelqu'un d'habile dans ce qu'il fait ? Il pourra se présenter devant les rois au lieu de rester parmi les gens obscurs [Pr 22, 29].

Le texte égyptien insiste sur l'importance de la justice et la protection du faible :

> Garde-toi de voler un malheureux et de t'emporter contre un faible. Ne déplace pas les bornes en bordure des champs [IV, 4-5 ; VII, 12].

Quant à l'auteur de l'adaptation judéenne, il recommande à son tour :

> Ne dépouille pas le faible : c'est un faible ! et n'écrase pas l'homme d'humble condition en justice : car YHWH plaidera leur cause et ravira la vie de leurs ravisseurs... Ne déplace pas une borne ancienne que tes pères ont posée [Pr 22, 22-23.28].

Contrairement au parallèle égyptien, dans le texte intégré au livre des Proverbes c'est le « YHWH[1] », le Dieu d'Israël, qui apparaît comme l'avocat des opprimés. Il est donc perçu comme le garant d'un certain ordre social ; il sanctionne ceux qui s'y opposent.

La modération en toute chose est un souci de la *Sagesse d'Amenemopé* que l'on retrouve dans les Proverbes :

> Ne te fatigue pas à chercher l'abondance, ce que tu as, que cela te suffise. Si des richesses

1. Il s'agit du nom propre du Dieu d'Israël souvent prononcé Yahvé ; nous nous contentons de reproduire les quatre consonnes de son nom que le judaïsme ne prononce plus.

arrivent par le vol, elles ne passeront pas la nuit chez toi [...], elles se font des ailes comme des oies et s'envolent vers le ciel [IX, 14-17 ; X, 4-5].

Ne te fatigue pas à acquérir la richesse, cesse d'appliquer à cela ton intelligence. Tes yeux se lèvent vers la richesse ? Il n'y a plus rien ! Car elle se fait des ailes et, comme l'aigle, elle s'envole vers le ciel [Pr 23, 4-5].

Ici, les oies égyptiennes ont été remplacées dans le texte biblique par des aigles, plus courants dans le Levant.

Sagesse égyptienne et sagesse biblique sont encore tout à fait analogues en ce qui concerne, par exemple, l'appréciation de l'irascible : « Ne fraternise pas avec l'impulsif ; ne t'approche pas de lui pour converser » (XI, 13-14). « Ne te fais pas l'ami d'un homme impulsif et ne va pas avec l'homme emporté » (Pr 22, 24).

Un thème classique de la sagesse égyptienne est le bon comportement à table. Apprendre les bonnes manières faisait partie de la formation de base d'un scribe. Bien plus encore qu'aujourd'hui, l'ordre à table était un indicateur de la hiérarchie sociale. On ne servait pas à tous les convives les mêmes plats, et il fallait apprendre à se contenter de ce qu'on avait dans son assiette sans convoiter les mets qui étaient servis aux personnes d'un rang supérieur :

Ne mange pas le pain en présence d'un notable, et n'y mets pas la bouche le premier. Si tu en as assez de faire semblant de mastiquer, contente-toi de ta salive. Regarde le bol qui est devant toi, et qu'il suffise à tes besoins [XXIII, 13-18].

Le scribe hébreu reprend ces mêmes conseils pour son auditoire :

Si tu es à table avec un gouverneur, fais bien attention à celui qui est devant toi. Mets un couteau sur ta gorge si tu es un glouton ! Ne convoite pas ses bons plats ! [Pr 23, 1-3].

Ou encore :

Ne fais pas l'arrogant devant le roi et ne te tiens pas dans l'entourage des grands. Car mieux vaut qu'on te dise : « Monte ici ! » que de te voir humilié devant un notable [25, 6-7 ; ce conseil est d'ailleurs repris par Jésus selon l'évangile de Luc, voir Lc 14, 10].

Ce texte nous apprend qu'une invitation à manger chez un supérieur était une affaire potentiellement dangereuse. Si l'on ne savait pas se comporter selon l'étiquette, on risquait sa carrière, voire sa vie. Le discernement et la maîtrise de soi étaient donc des qualités indispensables pour un futur sage, qu'il fût égyptien ou israélite.

Apprendre à vivre selon l'ordre du monde

Quelle était la tâche des sages égyptiens ? Il s'agissait pour eux de former l'homme authentique pour lui permettre de vivre dans le monde en conservant et en réalisant l'ordre qui le gouverne.

Cette notion d'ordre du monde – « *ma'at* » en égyptien – est une clef importante pour comprendre la sagesse biblique. Elle désigne l'état juste de la nature et de la société tel qu'il a été fixé par l'acte créateur et englobe tout ce qui est exact, correct : l'ordre, le droit, la justice… Les sages égyptiens l'ont représentée sous les traits d'une jeune femme portant pour coiffure le hiéroglyphe de son nom : une plume droite, symbolisant à la fois la droiture mais aussi la fragilité. La *ma'at* est garantie et restaurée par le ou les dieux créateurs, et dans la société par le roi, image du dieu sur la terre.

La *ma'at* ne se présente pas comme une loi détaillée ; elle reçoit un contenu concret, diversifié à l'infini dans la vie quotidienne de chaque Égyptien. Elle n'est donc pas un dogme ; il faut chercher à la comprendre dans chaque situation particulière. On peut l'apprendre et l'enseigner.

Celui qui vit selon la *ma'at*, qui s'inscrit dans cet ordre du monde et de la société, est un être comblé. En revanche, celui qui transgresse ses lois sera aussitôt sanctionné par elle ; toute action néfaste aura des conséquences néfastes pour son auteur. Il y a deux termes bibliques qu'on peut mettre en rapport avec la *ma'at* : il s'agit de *shalom* (« paix ») et *tsedaqah* (« justice ») qui englobent aussi l'idée d'un ordre stable du monde et de la société et un comportement adéquat face à cet ordre.

L'idée sapientielle d'un ordre du monde implique une vision positive de l'univers, puisque l'homme sage est capable d'en comprendre les règles. Mais notons que cet optimisme n'est pas aveugle. Le vrai sage est conscient du fait qu'il ne comprendra jamais tous les secrets de la *ma'at*. On observe que dans certains textes la *ma'at* devient une déesse, fille du dieu Rê, garantissant le trajet quotidien du soleil. Mais en tant que déesse, elle n'apparaît pas dans les grands récits mythiques, elle se trouve avant tout dans la littérature spéculative des sages qui cherchent à souligner son caractère divin. L'idée d'une préexistence de la *ma'at* est attestée dans le texte des Sarcophages (§ 80), ici et ailleurs, elle apparaît comme la bien-aimée du roi ou des dieux. Elle peut donc bien être à l'origine de Dame Sagesse qui parle au chapitre 8 du livre des Proverbes.

1

COMMENT SE COMPORTER DANS LE MONDE

LE LIVRE DES PROVERBES

La sagesse classique de l'Israël ancien se trouve dans le livre des Proverbes. On trouve des textes sapientiaux également dans des Psaumes, comme les Ps 32 ; 34 ; 37 ; 49 ; 112 ; 128, etc. Des sentences sapientiales apparaissent également dans certains livres prophétiques (par exemple Jr 10, 2-23 ; 12, 5 ; Am 5, 19 ; Ez 16, 44 ; 18, 2). Le roman de Joseph (Gn 37-50) qui montre comment se comporter avec succès à la cour et face aux femmes séductrices peut également être compté parmi la littérature de sagesse.

En ce qui concerne le livre des Proverbes, il s'agit plutôt d'une collection de plusieurs livrets de provenance et d'époque diverses. Deux fois, le livre se présente comme un recueil des *Proverbes de Salomon, fils de David, roi d'Israël* (Pr 1, 1 ; 10, 1). Comme nous l'avons souligné pour l'Égypte, l'attribution des textes sapientiaux à des rois était courante. Le roi Salomon a été le souverain sage par excellence, dit-on (1R 3-5), mais il ne saurait pour autant être l'auteur du livre, au sens moderne du terme ; preuve en sont les titres des différentes collections attribuées à des sages d'autres temps, voire d'autres peuples.

Dans sa forme actuelle, ce livre est certainement un produit de l'époque hellénistique. On date son édition définitive aux alentours du IIIe siècle avant notre ère.

Une collection de sept livrets

Le livre des Proverbes est formé de sept livrets rédigés à diverses époques et représentant des stades différents de la sagesse israélite. La diversité des styles et des préoccupations apparaît clairement au fil de la lecture. Il semble qu'autour d'un noyau primitif (probablement les chapitres 25-29) d'autres livres ou appendices aient été peu à peu ajoutés. La collection la plus récente (chapitres 1-9) a été placée en tête et propose ainsi une certaine interprétation du livre entier.

Le livret 1 (chapitres 1-9), sans doute la partie la plus récente du livre, donne le ton à l'ensemble avec ce qui pourrait être le mot d'ordre de toute la sagesse : « La crainte de YHWH est le principe du savoir ; sagesse et éducation, seuls les fous s'en moquent » (1, 7). Il contient trois poèmes caractéristiques dans lesquels la sagesse est présentée comme une personne qui prend la parole et s'adresse directement aux destinataires du livre (1, 20-33 ; 8, 12-36 ; 9, 1-6). Les autres discours, parfois un peu répétitifs, sont toujours composés selon le même schéma : l'appel à l'écoute est suivi par des recommandations du « père » au « fils » (il peut s'agir du professeur et de l'élève), recommandations dont on détaille les, conséquences pratiques.

Le livret 2 (10, 1-22, 16) nous conduit dans un monde totalement différent. Ses 375 sentences très brèves – ce chiffre correspond d'ailleurs à la valeur numérique du nom de Salomon[1] – datent à l'exception du titre en 10, 1 de l'époque de la monarchie israélite (IXe-VIIIe siècle). Peut-être se composait-il à l'origine de deux collections indépendantes. Les chapitres 10-15, d'origine citadine opposent, en une série de proverbes antithétiques, le juste à l'impie, le sage au sot. Dans les chapitres 16-22, l'antithèse ne joue plus un rôle dominant ; en revanche, on y trouve de nombreuses sentences sur le roi.

Le livret 3 (22, 17-24, 22) contient dans sa première partie, nous l'avons vu, le condensé de l'enseignement d'un sage égyptien, Amenemopé.

Le livret 4 (24, 23-34) est un appendice au précédent.

Le livret 5 (chapitres 25-29) se présente comme une collection réunie à l'époque du roi de Juda, Ézéchias (fin du VIIIe siècle), formée de deux parties (chapitres 25-27 et 28-29). La première, provenant d'un milieu populaire de paysans et de marchands, est considérée par plusieurs comme la forme la plus ancienne de la sagesse israélite.

1. En hébreu, comme dans les autres civilisations méditerranéennes anciennes, chaque lettre a une valeur numérique, et on trouve déjà dans certains textes récents de la Bible, comme ici, des tentatives de mettre en rapport un nom et sa valeur numérique.

Le livret 6 (chapitre 30), dont le titre « Paroles d'Agour » évoque le nom d'une tribu de l'Arabie du Sud, pourrait être l'œuvre soit d'un auteur non israélite, soit d'un sceptique juif de l'époque perse ou hellénistique.

Le livret 7 enfin (chapitre 31), après une instruction royale (31, 1-9), conclut l'ensemble par un poème alphabétique sur la femme de valeur (31, 10-31).

Au gré de l'expérience des uns et des autres

On peut distinguer deux sources principales à l'intérieur du livre des Proverbes : *la sagesse populaire* (des proverbes notamment, reflétant la situation des paysans, observant la nature et essayant de donner des repères pour organiser la vie à l'intérieur du clan) et *la sagesse de la cour* (des règles, en forme de discours ou de sentences pour réussir sa vie à la cour dans un milieu aisé et un contexte citadin). Cependant, la première source n'a trouvé son entrée que via des collections faites par les intellectuels. Il existe toujours un débat sur le rôle de la tradition orale dans la transmission des textes sapientiaux ; sociologiquement, il n'est cependant guère possible que les collections réunies dans le livre des proverbes aient vu le jour dans quelques chaumières de la campagne judéenne. On distingue souvent deux étapes dans le processus de collection des proverbes et des sentences à la cour et dans l'école du temple : une première mise par écrit des règles de comportement, et ensuite une révision plus théologique qui insiste sur le fait que YHWH sanctionne les comportements bons ou mauvais. On peut en effet observer que dans les deux ensembles Pr 10-15 et 16-22 qui constituaient à l'origine deux collections indépendantes, les références à YHWH se trouvent surtout dans les chapitres 15 et 16, aux extrémités des deux ensembles que les rédacteurs ont fusionnés.

Les collections du livre des Proverbes sont certainement dues à des gens qui appartenaient à la haute société. Deux indices le donnent à penser : d'une part, la forme artistique de la plupart des poèmes témoigne d'un niveau de culture très élevé ; d'autre part le contenu de nombreux proverbes, qui présente la richesse matérielle comme un idéal du sage : « Les biens du riche sont sa ville forte, tandis que la pauvreté des petites gens est leur ruine » (Pr 10, 15).

À côté de cette sagesse de cour, les scribes ont également repris certaines sentences qui reflètent une sagesse plus populaire. Il s'agit de maximes réalistes, puisées dans l'expérience des petits paysans ou des ouvriers : « C'est la faim qui fait travailler l'ouvrier, c'est sa bouche qui l'y pousse » (Pr, 16, 26).

Outre cette diversité d'origine – cour royale ou monde rural –, soulignons un trait caractéristique de la sagesse. Certains proverbes peuvent exprimer deux déclarations antinomiques, contradictoires :

> Ne réponds pas au sot selon sa folie de peur que tu ne lui ressembles toi aussi ; réponds au sot selon sa folie de peur qu'il ne s'imagine être sage [26, 4-5].

Cela ne signifie pas que la solution se situe entre les deux. Ces déclarations antinomiques sont l'expression de deux expériences faites dans des situations concrètes ; au sage de décider quel chemin il devra prendre lui-même dans la situation où il se trouve.

La vraie sagesse reste ainsi toujours ouverte. Jamais achevée, elle ne se laisse pas figer en un système clos, absolu. C'est une sagesse empirique, pragmatique, que chacun doit rechercher de cas en cas.

La modestie et la maîtrise de soi

Le sage authentique se caractérise par une certaine modestie vis-à-vis des richesses matérielles ainsi que par un usage réfléchi de la parole.

Ces deux vertus sont commentées au chapitre 16 du livre des Proverbes. Une première affirmation donne le ton : « Acquérir la sagesse vaut mieux que l'or, acquérir le discernement est préférable à l'argent » (Pr 16, 16). Il pourrait presque s'agir d'un slogan publicitaire incitant les parents aisés à envoyer leurs fils dans une école de scribes pour laquelle il fallait payer ; l'investissement vaut la peine, semble-t-on dire.

Mais ce verset sert en même temps d'ouverture à une petite collection de sentences invitant à la modestie :

> La grande route des hommes droits, c'est s'écarter du mal.
> Il garde sa vie, celui qui surveille son chemin.
> Avant la ruine, il y a l'orgueil,
> et avant la chute un esprit hautain.
> Mieux vaut être d'esprit modeste avec les humbles
> que de partager le butin avec les orgueilleux.
> Celui qui est attentif à la parole trouvera le bonheur,
> celui qui a confiance en YHWH, heureux est-il ! [Pr 16, 17-20].

Ce groupe de proverbes met en avant l'homme droit et modeste. D'abord, la vie est comparée à un chemin qu'il faut parcourir, sur lequel il faut savoir s'écarter du mal ; pas seulement du mal que font les autres, mais de ses propres mauvaises actions. L'image du chemin étroit menant à la vie, que l'on retrouve plus tard dans les évangiles (cf. Mt 7, 13-14), prend peut-être son origine dans ce texte des Proverbes.

Poursuivant l'image du chemin, le verset 18 part d'une observation de la vie quotidienne : celui qui a une attitude trop hautaine perd le sens des réalités et tombe plus vite qu'il ne le pense. L'orgueilleux n'est pas capable d'analyser lucidement sa situation et provoque lui-même sa chute ; d'où l'appel qui lui est adressé à choisir une attitude d'humilité. « Quiconque s'élèvera sera abaissé, et quiconque s'abaissera sera élevé », dira plus tard Jésus en reprenant et actualisant le sens de ce proverbe (Mt 23, 12).

Le verset 20 sert à la fois de conclusion et de transition. La parole dont il est question est celle du maître de sagesse qui transmet cet enseignement. Mais au-dessus de tout se trouve la confiance en YHWH, le Dieu d'Israël, qui procure le vrai bonheur, comme le dit la béatitude finale.

Ce verset fait par ailleurs le lien avec la collection suivante consacrée, elle, à la bonne utilisation de la parole.

> Celui qui a un cœur sage est appelé intelligent, et la douceur des lèvres augmente la compréhension.
> Le bon sens est source de vie pour ceux qui le possèdent, mais l'éducation des hommes sots est la sottise.
> Celui qui a un cœur sage est attentif à sa bouche,
> et sur les lèvres il augmente la compréhension.
> Des paroles agréables sont un rayon de miel ;
> elles sont une douceur pour la gorge et une guérison pour les os [16, 21-24].

Les versets 21 et 23 insistent sur le fait que le vrai sage sait se servir de sa bouche d'une manière adéquate. La « douceur des lèvres » signifie que le discours et l'enseignement du sage doivent se faire d'une manière persuasive et pédagogique. Il convient en effet de faire attention à ce que l'on dit et à comment on le dit ; un conseil qui est toujours d'actualité, et non seulement dans le monde politique !

Un rédacteur a inséré entre les versets 21 et 23 un proverbe sur le *bon sens* qui, pour lui, correspond à la maîtrise du langage. Le bon sens est ici opposé à la sottise. Celui qui ne cherche pas l'instruction est instruit, voire puni – le mot hébreu peut se traduire des deux manières – par sa propre sottise qui l'empêche d'accéder à une vie épanouie.

Le verset 24 fait, en conclusion, la louange des paroles agréables, des paroles qui conviennent. Elles sont douces pour la *nèphèsh*, dit le texte. Ce mot hébreu peut se traduire par *vie*, mais sa première signification est *gorge*, et rien n'empêche de garder ici cette idée : les bonnes paroles sont aussi agréables que le miel qui descend dans la gorge. Une parole juste apporte donc du bien-être non seulement à l'intelligence, mais au corps tout entier.

Un ordre social institué par le Dieu d'Israël

Pas plus qu'en Égypte ou en Mésopotamie, il ne pouvait être question en Israël d'une sagesse « profane ». Car la sagesse est liée, dans tout le Proche-Orient ancien, à la conception d'un ordre du monde institué par le Dieu créateur. Cet ordre se manifeste dans tous les aspects de la vie et de la société.

Ainsi, la sagesse appartient aux pères, aux anciens, à ceux qui possèdent l'expérience. La transmission de cette expérience se fait du père au fils, soit du maître à l'élève.

Comme dans tout le Proche-Orient ancien, le rôle du roi est souligné avec insistance. Car c'est lui qui, par sa place très près du monde des dieux, est le garant de l'ordre du monde. Un parallèle est même établi parfois entre la divinité et le roi : « YHWH aime le cœur pur ; celui qui a la grâce aux lèvres est l'ami du roi » (Pr 22, 11).

La divinité est donc à la fois la tête et le garant de l'ordre du monde. Mais de quel Dieu s'agit-il ? Une première constatation s'impose : les auteurs du livre des Proverbes utilisent le nom propre du Dieu d'Israël, YHWH, Yahvé, que la plupart des versions françaises traduisent par *le Seigneur*. Ce ne sera pas toujours le cas dans les livres de Job ou de Qohéleth, nous le verrons. Dans les Proverbes, la sagesse se réfère donc explicitement au Dieu d'Israël, même si cette référence varie d'une collection à l'autre – par exemple, YHWH n'est pas mentionné dans la deuxième partie du livret 3 ni dans le livret 4.

Selon les Proverbes, le Dieu d'Israël est celui qui institue et garantit le lien entre le comportement d'un individu et sa destinée. Pour que l'ordre du monde soit maintenu, les actes de l'homme doivent être dûment rétribués : « Celui qui t'observe [Dieu] rend à chacun selon ses œuvres » (24, 12). L'importance de ce lien entre la cause et son effet va d'ailleurs provoquer une dérive dangereuse de la sagesse, à l'origine d'une crise grave dont Job sera le témoin révolté.

En même temps, les sages sont conscients des limites de la sagesse, car tout se passe selon le dessein divin, non pas selon le désir des hommes ; puisque toutes choses viennent de YHWH, le comportement des hommes n'y changera rien. De plus, le sage sait qu'il ne comprendra jamais entièrement le plan de Dieu : « YHWH dirige les pas de l'homme : comment l'homme comprendrait-il son chemin ? » (20, 24). La sagesse authentique se caractérise donc par une profonde humilité.

La situation sociale fait elle-même partie de l'ordre du monde. Nulle honte, dès lors, à jouir du patrimoine de ses pères (19, 14), à posséder des esclaves (29, 19.21) ou à occuper une place de notable (22, 7 ; 23, 1). Certes, d'autres sentences, issues de milieux plus modestes, semblent porter un jugement assez sévère sur les riches : « Mieux vaut se situer modestement avec les pauvres que partager le butin avec les gens aisés » (16, 19). Mais dans le contexte actuel du livre des Proverbes, ces sentences résonnent plutôt comme des exhortations destinées à maintenir l'équilibre et la stabilité de la société.

C'est au nom de ce même ordre du monde que les Proverbes présentent le Dieu d'Israël comme le protecteur des pauvres : « Qui se moque de l'indigent insulte son Créateur ; qui se réjouit d'un malheur ne restera pas impuni » (17, 5). YHWH a horreur de l'injustice et de l'arbitraire ; en conséquence, le riche sera plus qu'un autre tenu de respecter le droit des faibles (14, 31 ; 19, 17 ; 22, 9) et de faire régner la justice dans la cité (14, 34 ; 16, 11-12 ; 29, 2).

LE CONCEPT DE LA « CRAINTE DE DIEU »

En définitive, dans ce monde bien ordonné par le Dieu créateur, l'attitude adéquate est ce que les auteurs du livre des Proverbes appellent la « crainte de YHWH ». Il ne s'agit pas de la peur envers une divinité redoutable, mais bien plutôt du respect d'un dieu qui conduit toutes choses, de la soumission à son dessein.

Cependant, dans la littérature sapientiale, l'expression a un sens plus pratique, comme le montre d'abord Pr 16, 6 : « C'est par la loyauté et la fidélité que le péché est expié. C'est par la crainte de YHWH qu'on s'écarte du mal. » Ce verset, à première vue anodin, critique en fait une conception sacrale, voire ritualiste de la religion. En effet, les termes « expier, péché, écarter » proviennent de la théologie sacerdotale selon laquelle une faute doit être réparée par des sacrifices ou par des rites (voir Lv 5, 16 et le récit de la purification du prophète Ésaïe à l'aide d'un charbon ardent pris sur l'autel en Es 6, 7). L'auteur de Pr 16, 6 transforme cette conception sacerdotale. Il remplace le sacrifice par la loyauté et la fidélité, deux termes centraux de la pensée sapientielle qui expriment l'attitude qu'il convient d'adopter face à l'ordre du monde tel que YHWH l'a voulu. Juste attitude vis-à-vis de YHWH, mais également juste comportement vis-à-vis du prochain. Peut-être ce texte reflète-t-il également une polémique entre le milieu des sages (scribes) et le milieu des prêtres.

Dans les Proverbes, la crainte de Dieu désigne le comportement adéquat de l'homme qui veut sauvegarder l'ordre de la création et correspond donc à la vraie sagesse. Ceci devient clair lorsque l'on rapproche les deux proverbes suivants :

> La crainte de YHWH est *source de vie pour se détourner des pièges de la mort* [14, 27].
> L'enseignement du sage *est source de vie pour se détourner des pièges de la mort* [13, 14].

L'enseignement de la sagesse équivaut donc à la crainte de Dieu, et cette crainte s'engage pour la vie et s'oppose aux forces de la mort, elle a donc des connotations éthiques évidentes. Le concept est international comme le montrent, dans la Bible, le récit des sages-femmes du Pharaon en Ex 1, 15-20 qui agissant conformément à la crainte de Dieu s'opposent à l'ordre mortifère du roi d'Égypte qui veut tuer les nouveau-nés des Hébreux, ou encore l'épisode des marins païens dans le livre de Jonas qui, à cause de leur crainte de Dieu, refusent d'abord de livrer Jonas à la mort. On retrouve d'ailleurs cette notion de crainte de Dieu en dehors d'Israël :

> On ne peut reconnaître l'intention de Dieu avant que n'arrive ce qu'il a ordonné [...]. Il connaît l'infâme [...]. Il connaît l'homme de Dieu, et la crainte de Dieu qui est dans son cœur.

Dit un papyrus égyptien du Ier siècle, dont l'original remonte sans doute au IVe siècle avant notre ère.

La sagesse de la Bible hébraïque, contrairement à la Bible grecque, ne se réfère jamais aux traditions historiques ou prophétiques d'Israël. On n'y trouve aucune allusion à l'Exode, aux patriarches, à l'alliance, à rien de ce qui est essentiel à la foi d'Israël. La sagesse classique ne dépasse donc pas, dans ses explications théologiques, les parallèles extrabibliques.

La religion qui transparaît dans le livre des Proverbes est manifestement une religion d'intellectuels, caractérisée par un universalisme ouvert aux autres cultures.

2

RÉVOLTE OU SOUMISSION

JOB

La sagesse classique a connu une certaine évolution qui a transformé quelque peu ses visées originelles.

Ainsi, on trouve, à l'intérieur des chapitres 10-15 du livre des Proverbes, des sentences qui servent non plus à décrire des actions ou des comportements pour en dégager les conséquences, mais plutôt à caractériser des types d'hommes et le sort qui les attend. C'est ainsi qu'on oppose le sage à l'insensé, l'intelligent au sot (Pr 10, 1). La perspective cosmologique de la sagesse a été remplacée par une perspective anthropocentrique. On arrive à une sorte de peinture en noir et blanc qui divise l'humanité en deux catégories (Pr 10, 16) : le sage et l'insensé, le juste *(tsaddiq)* et le méchant *(rasha')*. Du côté de Dieu se trouvent l'ordre et les justes ; de l'autre il y a le chaos et les méchants. Et Dieu, bien évidemment, donne le bonheur aux justes tandis que le malheur et les souffrances sont réservés aux mauvais.

UN MONDE PARTAGÉ ENTRE LES BONS ET LES MÉCHANTS

Dans ces proverbes, l'homme occupe le centre de la réflexion. Mais l'intérêt ne se porte plus sur sa manière d'être avec les autres ; on ne cherche plus la bonne attitude, à table, chez des amis, vis-à-vis du prochain... Le langage devient stéréotypé, perdant toute emprise sur la réalité. Désormais, la sagesse n'est plus centrée sur l'ordre du monde qu'elle est chargée de maintenir, mais sur l'homme. On ne se demande plus : « Que dois-je faire pour que le monde, la société, fonctionne correctement ? » Mais : « Comment dois-je me comporter pour rester moi-même en ordre ? Que dois-je faire pour être parmi les justes, les sages, les pieux ? »

La pensée s'oriente vers une forme de dualisme. Du côté de YHWH se trouvent l'ordre et les justes ; de l'autre, il n'y a que les insensés et les méchants. Ainsi l'humanité est divisée en deux, et le monde lui-même est partagé entre deux réalités, l'une positive, l'autre négative. Contrairement à la sagesse classique, qui est empirique, celle qui s'exprime dans certains passages à l'intérieur des chapitres 10-15 du livre des Proverbes se fonde sur un ordre parfaitement connu, statique et immuable.

Cette dérive va provoquer une crise grave. En effet, est-il si évident que « le mal poursuit les pécheurs et le bien récompense les justes » (Pr 13, 21) ? L'idée d'une rétribution automatique est contredite par l'expérience : la récompense ou la punition ne viennent pas toujours.

En réponse à cette crise de la sagesse, certains affirmaient, par exemple, que le juste *doit* être récompensé ; sinon, c'est qu'il n'est pas juste. Car la sagesse ne peut elle-même être mise en cause, puisqu'elle est divine (comme l'affirme la déification de la sagesse en Pr 8). Mais d'autres n'acceptaient pas ces prétendues solutions, et la Bible, non sans hésitations d'ailleurs, nous a transmis leur témoignage. Il s'agit de Job et de Qohéleth.

Des personnages typés

Les livres de Job et des Proverbes proviennent du même milieu aristocratique. Le langage utilisé dans Job est un hébreu d'un très haut niveau, qui n'est certainement pas celui de la langue populaire.

Notons d'emblée que Job n'est pas présenté comme un Israélite. On le situe dans le pays d'Outs, qui pourrait se trouver sur le territoire d'Edom, c'est-à-dire en Arabie. Cette localisation peut s'expliquer par l'ambiguïté que suscite l'Arabie dans l'imaginaire des destinataires de ce texte. Les anciens distinguaient en effet l'« Arabia felix », l'Arabie heureuse, celle des richesses et de l'abondance, et l'« Arabia deserta », l'Arabie désertique, celle de l'absence de vie, le pays du chaos et de la mort.

Job se trouve donc dans une situation frontière où sa vie va basculer du bonheur vers le chaos. Étymologiquement, son nom signifie peut-être « où est mon père ? », ou bien « celui qui suscite l'hostilité », ou encore « celui qui se montre hostile » ; dans ce dernier cas, Job aurait repris le qualificatif d'un Dieu ou d'un univers devenus hostiles.

Les noms des trois amis avec lesquels Job va discuter semblent indiquer que la problématique du livre n'est pas spécifiquement juive, mais internationale. Elifaz porte un nom d'origine arabe, et vient du territoire d'Edom, au sud-est de la Mer morte, bien connu pour sa sagesse (Jr 49, 7). Bildad vient de Shouah (nom d'une tribu arabe en Gn 25, 2), qui pourrait faire allusion à Soush, sur l'Euphrate, attesté par les textes cunéiformes. Sofar est difficile à expliquer ; on peut supposer, étant donné que les autres viennent du Sud et de l'Est, qu'il pourrait, lui, venir du Nord; et l'on connaît en effet une localité entre Beyrouth et Damas appelée Aïn Sofar.

C'est dire que les amis de Job arrivent de toutes les directions. Leur rôle est de présenter une certaine sagesse universelle, que Job va vivement contester.

D'autres Job ailleurs

Il existe, à vrai dire, un nombre important de textes mésopotamiens et égyptiens que l'on peut rapprocher du livre de Job.

Nous avons déjà mentionné un poème babylonien adressé au « Seigneur de la Sagesse » *(Ludlul bel nemeqi)*. Dans ce texte, un haut fonctionnaire se retrouve parmi les esclaves, maudit par ses anciens compagnons. Il se croit juste, et ne comprend pas pourquoi il en est là. Il dit :

> Ce que l'on juge bon est abominable pour le dieu ; ce qu'on trouve mauvais dans son cœur, pour lui cela semble bon. Qui donc peut connaître le dessein des dieux dans les cieux [col. 34-36] ?

Contrairement à Job, le héros finit par admettre, de guerre lasse, qu'il a dû pécher sans s'en rendre compte.

Un autre texte, plus ancien, date des environs de 1700 avant l'ère chrétienne ; les spécialistes l'appellent souvent le « Job sumérien ». On y lit cette phrase, proche de certaines réflexions du livre biblique : « Jamais ne naquit à une mère un enfant sans faute ; jamais on n'a vu vivre un travailleur exempt de faute » (voir Jb 14, 1-4 ; 15, 14 ; 25, 4). Mais on n'y rencontre pas de révolte ouverte contre les dieux.

En Égypte on peut citer les *Lamentations d'Ipou-Our*, un texte de la fin du XIIIe siècle qui décrit l'Égypte dans un état de chaos, où l'ordre ne règne plus, où les riches sont devenus pauvres et les pauvres riches. Les esclaves abandonnent leurs maîtres, les dieux semblent absents. Il s'agit davantage d'une réflexion sur la situation chaotique lors d'un changement dynastique que d'une complainte d'un individu sur son sort.

Plus proche du livre de Job se trouve le *Dialogue du désespéré avec son bâ* (terme qu'on peut traduire par « âme »), rédigé vers 1900 avant l'ère chrétienne. Dans ce texte, un homme souffre d'un mal profond qui, comme Job, l'incite à souhaiter et attendre la mort.

> La mort est devant moi aujourd'hui, comme la guérison pour un homme malade, comme la sortie après un long confinement [131-132].

Comme Job, ce désespéré se sent injustement abandonné et trahi : « À qui pourrais-je encore parler aujourd'hui ? L'homme méchant est en paix, alors que le bien est jeté à terre en tout lieu ! » (109).

Ces textes, et d'autres encore, montrent que la crise de la sagesse, crise d'une certaine conception de l'ordre du monde, existait déjà avant Job, et qu'elle avait des dimensions largement internationales.

Pour l'auteur du livre de Job, cette crise se situe dans les bouleversements politiques et économiques de l'époque perse (539-333). L'ancien royaume de Juda, devenu une petite province de l'énorme Empire perse, était confronté à l'internationalisation de la culture. L'Empire perse, c'est en effet des échanges commerciaux, culturels et littéraires ; c'est encore l'introduction d'une nouvelle économie basée sur l'argent ; bref, c'est la découverte d'un certain cosmopolitisme. Comment trouver alors sa place dans un monde sans frontières, avec une multitude incroyable de concepts religieux, dans un monde devenu trop grand et du même coup incompréhensible ?

UN BREF RÉCIT ENCADRE DES MONOLOGUES ET DES DIALOGUES

Le livre de Job est formé d'un bref récit en prose (1, 1-2, 13 ; 42, 7-17) qui encadre une section principale en vers (3, 1-42, 6). Au niveau du style, et au niveau de la théologie, il existe des différences importantes entre ces deux parties.

Dans le cadre narratif, Job est décrit comme un patriarche, un grand cheik bédouin, tandis que le Job des poèmes ressemble davantage à un aristocrate citadin (cf. surtout le chapitre 29).

Des différences existent aussi au niveau de l'utilisation des noms pour désigner le dieu à qui Job a affaire. Dans le cadre narratif, on trouve le tétragramme YHWH pour désigner le Dieu d'Israël (ainsi dans l'introduction aux discours divins). Dans la partie centrale du livre, ce nom n'est jamais utilisé, on y trouve en revanche des termes comme « El » (nom donné au chef du panthéon qui est à l'origine de « Allah »), « Eloah » (une variante poétique d'Elohim, « dieu »), « Shaddaï », un nom divin qui se retrouve par ailleurs dans des textes de la genèse composés par des auteurs sacerdotaux sous la forme « El Shaddaï » (traduit souvent à cause du grec par « Dieu Tout-puissant). Ce nom souligne les liens avec les régions désertiques et a été choisi à cause des connotations arabes qu'il peut évoquer.

Dans le récit en prose, les souffrances de Job résultent d'un pari entre YHWH et Satan, dans le but de déterminer si Job restera attaché à son dieu au cas où ses biens lui seraient enlevés et où il serait lui-même frappé de maladie. Job réussit cette épreuve, et le récit se termine par un happy end : Job retrouve tout ce qu'il avait perdu et vit encore durant de très longues années. En revanche, dans les poèmes, Job n'a pas un rôle de juste exemplaire. Après un premier monologue dans lequel il regrette d'avoir été mis au monde, (chapitre 3) s'engagent de longs dialogues avec ses amis (chapitres 3-27). Alors que ses amis l'exhortent à reconnaître qu'il a dû commettre une faute, un pêché, Job refuse de se reconnaître coupable vis-à-vis de Dieu et vis-à-vis des hommes. Suit curieusement un poème sur la sagesse (chapitre 28) qui ne correspond ni à l'opinion de Job ni à celle de ses amis.

Après quoi, Job reprend la parole pour réaffirmer, dans un long monologue, sa conviction d'être innocent, et jeter un défi à Dieu (chapitres 29-31). Dieu ne répond pas immédiatement. Cependant, un quatrième interlocuteur, dont il n'a pas été question jusqu'ici, entre en scène : Elihou. Ce dernier critique aussi bien les conceptions de Job que celles de ses amis (chapitres 32-37) qui n'ont pas réussi à convaincre Job. Cette coupure dans le texte est généralement attribuée à un rédacteur postérieur, comme d'ailleurs le poème sur la sagesse au chapitre 28 qui interrompt la discussion entre Job et ses amis.

Pour finir, Dieu répond à Job par un rappel de ses exploits de Créateur (chapitres 38-39). Puis Job se déclare vaincu (40, 3-5). Vient alors un second discours divin, qui évoque deux monstres primordiaux, Léviathan et Béhémoth (40, 6–41, 26). Enfin, Job donne sa réponse définitive mais néanmoins énigmatique (42, 1-6).

Un dialogue de sourds ?

Occupons-nous d'abord du noyau du livre (3, 1-42, 6). Le chapitre 3 constitue l'ouverture du cycle des discussions entre Job et ses amis. Alors que le cadre narratif insiste sur le fait que Job ne maudit pas Dieu, le verset 1 le présente maudissant le jour de sa naissance. Job poursuit sa lamentation et se plaint de rester éloigné de la mort. Celle-ci apparaît ici comme lieu de repos et de tranquillité qui nivelle toutes différences de statut social. Le verset 13 décrit la mort avec l'image du sommeil, cette image est davantage grecque que proche-orientale (un parallèle biblique existe en Qo 4, 2-3). La dernière partie du monologue interpelle directement Dieu. Job se sent comme un homme a qui Dieu a caché le sens de sa vie (v. 23 ; cf. aussi 19, 8). Le discours se conclut par la peur et par l'agitation. Job conteste donc le sens de l'existence humaine et il envisage que l'incohérence de la vie est imputable à Dieu. Le dialogue qui s'ensuit s'organise en trois cycles comprenant les discours de chacun des trois amis, suivis de la réplique de Job.

On a cherché à repérer des différences entre les caractères des amis. Elifaz, d'abord très digne, argumente plutôt à l'aide d'expériences personnelles. Bildad serait un grand traditionaliste. Sofar aurait davantage le style d'un ayatollah débitant avec passion un nombre considérable de lieux communs. Mais tous répètent à l'infini, et c'est leur argument principal tiré de la sagesse classique : « Les justes vivront dans le bonheur, les impies périront. » En réponse, Job crie sa « justice » avec véhémence.

Le troisième cycle est incomplet. Sofar n'y prend plus la parole. Cette rupture signifie que toute communication logique et rationnelle est devenue impossible. Job et ses amis se sont enfermés dans un dialogue de sourds.

Pourquoi cette incompréhension mutuelle ? Tous semblent d'abord s'appuyer sur une même vision des choses. Les amis soutiennent que Job doit être injuste et pécheur, puisqu'il souffre. Job, lui, ne cesse d'affirmer son innocence, mais son refus de lier sa souffrance à un quelconque châtiment ne le conduit pas à mettre en question l'idée de rétribution que défendent les autres. C'est surtout sa conception de Dieu qui se trouve ébranlée, comme le montre son grand monologue final. Aussi, puisque le dialogue avec ses « sages » amis n'a pas permis d'expliquer sa situation, Job va se tourner directement vers Dieu.

Les amis défendent un monde compréhensible, ce que Job ne peut plus accepter. Ici, il convient de souligner un point important, qui est souvent négligé. Job partage d'abord avec ses amis l'idée de la rétribution divine ou d'un lien entre les actions de quelqu'un et les conséquences qui en résultent. Ainsi, il s'écrie à leur adresse : « Éclairez-moi, et je me tairai. En quoi ai-je failli ? Montrez-le-moi ! » (6, 24). Convaincu d'être innocent, *juste*, il considère qu'il n'a pas mérité son destin.

Comme ses amis, Job cherche la cause de sa situation. Mais, contrairement à eux, c'est par l'hostilité voire le sadisme de Dieu qu'il tente d'expliquer ses souffrances : « Tu t'es changé en bourreau pour moi, et de ta poigne tu me brimes » (30, 21). Pour lui, Dieu prend plaisir aux souffrances du juste. Et c'est en se révoltant contre Dieu qu'il constate qu'il n'y a pas de relation divinement garantie entre les causes et les effets. « Au jour du désastre le méchant est préservé. Au jour des fureurs il est mis à l'abri » (21, 30). La vie semble avoir perdu toute finalité. À quoi bon toutes les prescriptions éthiques si le monde est gouverné par l'arbitraire ? Ses amis tentent de lui démontrer que le bonheur des impies n'est que passager ; ainsi Sofar (20, 5-9). Nous sommes tous éphémères, réplique Job, mais sommes-nous tous mauvais pour autant ? Ils sont convaincus que la vérité, c'est la tradition. Mais lui ne peut plus dissocier la vérité et sa propre expérience.

Néanmoins, Job ne se contente pas de ce constat ; il persiste à clamer son innocence, et puisque le dialogue avec ses amis n'a pas permis d'expliquer sa situation, il se tourne directement vers Dieu, et le somme de lui répondre (31, 35).

Les deux discours divins

Dans la forme actuelle du livre, la réponse divine se fait attendre. Un rédacteur ultérieur a inséré entre le dernier discours de Job et la manifestation de Dieu le discours d'un certain Elihou (chapitres 32-37). Mais dans la version primitive du livre, les chapitres 38-39 suivaient directement le défi lancé par Job au chapitre 31.

La réponse divine a passablement intrigué les commentateurs. D'abord, elle semble passer franchement à côté de la question. Dieu ne répond pas directement, mais il pose des questions à Job, se contentant d'une sorte d'autoglorification comme on en trouve par exemple dans les psaumes hymniques à la gloire du Dieu créateur. Et pourquoi Dieu parle-t-il en deux discours pour donner la réplique à Job (38, 1-40, 2 ; 40, 6-41, 26) ? On a parfois pensé que le deuxième discours aurait été ajouté après coup, mais, on le verra, ce diptyque reflète une idée tout à fait cohérente.

Certains commentateurs ont pensé que le fait que Dieu daigne se manifester à Job signifierait qu'il répond à ses interrogations. Mais la seule apparition de Dieu dans la tempête ne résout rien. Le lecteur peut difficilement percevoir une réponse dans le passage vrombissant de Dieu au sein d'une tornade. Ce serait plutôt une nouvelle façon d'accabler Job, qui déjà se plaignait d'un Dieu qui l'écrasait dans l'ouragan (9, 17). On ne peut donc pas minimiser le contenu des discours de Dieu au profit du seul fait qu'il prenne la parole.

Dans le premier discours, les questions ironiques adressées à Job le font apparaître comme incapable, dans son ignorance, de juger Dieu et le monde : « Où étais-tu quand j'ai fondé la terre ? [...] Es-tu parvenu jusqu'aux sources de la mer ? » (38, 4.16).

Dans la deuxième partie du premier discours (38, 39-39, 30), on trouve une sorte de bestiaire où Dieu se présente comme le souverain des animaux. Pour bien comprendre l'énumération qui en est faite, nous devons nous tourner vers l'iconographie proche-orientale. Apparemment, l'auteur de Job utilise ici le thème très courant du « maître des animaux ». Il s'agit d'un concept où l'on voit la figure d'un héros domptant deux voire plusieurs bêtes sauvages dont on devine les mouvements violents. Or la plupart des animaux énumérés dans le discours de Dieu sont attestés dans de telles représentations : bouquetins, cerfs, buffles, autruches, etc. L'idée de la domination sur les animaux dangereux sert à exprimer la souveraineté universelle d'un roi au service duquel on se trouve.

En reprenant ce thème, l'auteur insiste d'abord sur la souveraineté de Dieu qui n'a pas à rendre de comptes à l'homme. En même temps, les bêtes dominées par le « maître des animaux » peuvent symboliser des forces hostiles à l'homme, un espace chaotique.

Deux monstres symbolisant le chaos

Le combat contre le chaos est justement l'objet du deuxième discours. En effet, après le premier discours de Dieu, Job réplique que dorénavant il se taira : « Je ne fais pas le poids [...], je mets ma main sur ma bouche » (40, 4). C'est après la seconde intervention de Dieu qu'il va changer d'avis.

Ce deuxième discours, encore plus curieux que le premier, met en scène deux bêtes, Béhémoth et Léviathan (40, 6–41, 26). On a souvent traduit leurs noms par « hippopotame » et « crocodile », ce qui a obscurci les connotations mythologiques – la *Traduction œcuménique de la Bible* (TOB) a essayé d'éviter ce glissement en les rendant par « Le Bestial » et « Le Tortueux ». Certains exégètes pensent que ces deux monstres représentent le dieu égyptien des enfers, Seth, qui selon le mythe est vaincu par Horus. Une origine cananéenne semble cependant plus probante, dans la mesure où Léviathan est attesté dans les textes d'Ougarit où il apparaît comme une des manifestations du chaos aquatique contre lequel le dieu Baal doit se battre. Derrière ce texte se trouve une idée très répandue dans le Proche-Orient ancien, selon laquelle la création du monde habitable est précédée par un combat contre un chaos aquatique qu'il faut dompter et repousser.

Dans la Bible, cette idée se trouve au Psaume 74 où YHWH est célébré pour avoir vaincu la Mer et ses acolytes, dont Léviathan.

Dans le livre de Job, Léviathan, qui devient le « dragon » dans la traduction grecque, est le monstre primordial par excellence. Son intervention est préparée tout au long du livre : à quatre reprises Job y fait allusion sous son nom (3, 8) ou sous ceux de « Monstre marin » (7, 12), de « Typhon » (9, 13), de « Serpent fuyard » (26, 13). En décrivant en détail l'apparence inquiétante de ce monstre, le second discours divin confronte Job à un Dieu qui doit constamment se battre contre les forces du chaos. Certes, Dieu a créé le monde, et il est tout-puissant, mais la victoire sur le chaos n'est jamais définitive ; elle est à reprendre constamment.

La conception de Job et de ses amis d'un mal directement issu de Dieu est ici mise en question. Les discours divins concèdent une certaine place aux forces du chaos, ils donnent une certaine indépendance au mal par rapport à Dieu. Et ils appellent ainsi l'homme à assumer sa propre responsabilité face à des forces qui menacent la stabilité du monde.

L'origine du mal

Nous avons vu que la conception traditionnelle israélite expliquait, en règle générale, le malheur et la souffrance comme la sanction divine aux fautes individuelles ou collectives. Le livre de Job casse cette explication basée sur l'idée d'une rétribution. Se pose alors la question du « statut » du mal par rapport au Dieu unique. Dans les discours divins, le mal, représenté par les puissances du chaos, avait reçu une certaine autonomie du fait qu'elles étaient constamment combattues par Dieu.

Une conception comparable se trouve dans le récit de la création au premier chapitre de la Bible, écrit par un auteur issu du milieu des prêtres qui est sans doute contemporain de celui du livre de Job. L'auteur sacerdotal affirme, peut-être contre toute évidence, que le monde créé par Dieu est bon. Certes, le monde actuel ne correspond pas directement au projet initial de Dieu ; le récit du déluge et celui de la conclusion de l'alliance avec Noé, qui ratifient certaines déviations face à la création originelle, le soulignent bien. Néanmoins, la validité du constat final de la création n'est pas mise en question : « Dieu vit tout ce qu'il avait fait. Voilà, c'était très bon » (Gn 1, 31).

Quelle est alors la place du mal dans cette création bonne ? Pour l'auteur sacerdotal du chapitre 1 de la Genèse, la réponse est claire : Dieu n'est pas à l'origine du mal. Avant qu'il ne crée l'univers, il y avait le *tohu-bohu* et le *tehom*, c'est-à-dire les eaux symbolisant le chaos et les ténèbres :

> Lorsque Dieu commença la création du ciel et de la terre, la terre était dans un état chaotique *[tohu wabohu]*, et les ténèbres à la surface de l'abîme *[tehom]* [Gn 1, 1-2].

Dieu intègre ces données dans la création en les transformant : les eaux sont repoussées, face à l'obscurité apparaît la lumière. Mais les ténèbres et le chaos ne sont pas bons. Lors du premier jour de la création, seule la lumière est appelée « bonne » (Gn 1, 4). Genèse 1 montre alors une tendance à sortir le mal de l'œuvre du Dieu créateur.

À l'opposé de cette réflexion, un prophète ou un groupe prophétique anonyme – appelé communément le Second Ésaïe parce que ses oracles ont été publiés dans la deuxième partie du livre d'Ésaïe – va défendre la thèse que Dieu a bel et bien créé le mal. Ce groupe est confronté aux mêmes bouleversements de la fin de l'exil et de l'époque perse (VIe-Ve siècle), mais il en tire une tout autre conclusion (Es 45, 6-7) :

> Je suis YHWH, il n'y en a pas d'autre ;
> je forme la lumière et je crée les ténèbres,
> je fais le « *shalom* » et le mal *[ra']* ;
> moi, YHWH, je fais tout cela.

C'est presque le seul texte de la Bible qui affirme explicitement que Dieu n'a pas seulement créé le « *shalom* », l'ordre harmonieux, mais aussi son contraire, le mal ou le chaos. Seul Qohéleth, deux siècles plus tard, va dans le même sens lorsqu'il conseille à ses lecteurs :

> Au jour du bien, sois dans le bonheur, et au jour mauvais *[ra'ah]* regarde : celui-ci autant que celui-là, Dieu les a faits, de sorte que l'homme ne puisse trouver ce qui viendra après lui [7, 14].

Le passage du Second Ésaïe que nous venons de citer fait partie d'un oracle concernant Cyrus, le roi perse qui mettra fin à l'Empire babylonien. Ce roi est présenté comme le messie de Dieu (Es 45, 1-7). Le texte dit ainsi que la puissance perse se trouve au service du Dieu d'Israël. La religion perse, le mazdéisme, était marquée par un fort dualisme. Et c'est contre ce dualisme, qui sans doute tentait ses compatriotes, que le Second Ésaïe prend position. Puisqu'il y a un seul Dieu, et en dehors de lui rien (45, 6), rien ne peut lui échapper.

Certes, cette affirmation ne résout pas les questions de Job, pas plus que nos propres questions, concernant le « sens » du mal ou d'un monde absurde. Au contraire, la diversité des discours bibliques sur le rapport entre Dieu et le mal nous confronte à une question théologique qui demeure et demeurera toujours. L'auteur des discours divins du livre de Job ne propose pas de solution théorique ; son but, en ce qui concerne le premier discours divin, est de nous détacher d'une conception par trop anthropocentrique de la création.

L'homme n'est pas le centre du monde

Nous avons vu que les amis de Job remettaient la responsabilité du mal à Dieu et décrétaient que tout mal est explicable, soit en tant que punition, soit en tant que mise à l'épreuve.

Mais Dieu lui-même rejette cette idée et donne raison à Job contre ses amis :

> Or, après qu'il eut adressé ces paroles à Job, YHWH dit à Elifaz : « Ma colère flambe contre toi et contre tes deux amis, parce que vous n'avez pas parlé de moi avec justesse comme l'a fait mon serviteur Job » [Jb 42, 7].

Cette parole de Dieu légitime toutes les contestations et les accusations que Job avait formulées à son adresse. Ainsi Dieu se montre-t-il solidaire de Job dans sa révolte. Mais en même temps, face aux injustices crasses du monde, Job et tout lecteur de son livre sont entraînés dans un double déplacement.

Le premier est une mise en garde contre un nombrilisme anthropocentrique. Dieu conteste en effet, dans son premier discours, que Job soit capable de dresser un bilan recevable de l'ordre du monde. Il lui fait d'abord remarquer qu'il n'est nullement compétent en ce qui concerne les affaires du Dieu créateur. Et ensuite, nous l'avons vu, il détaille une longue liste d'animaux, œuvre de sa création, et plus spécifiquement des animaux sauvages qui ne sont d'aucune utilité à l'homme puisqu'il ne peut les dompter ni les domestiquer. Or, curieusement, l'homme n'est pas nommé dans cette liste. Dieu rend ainsi Job attentif à ne pas voir le monde sous une perspective exclusivement anthropocentrique.

On peut donc lire ce discours de Dieu comme critiquant une conception de la création qui tend à soumettre chaque parcelle du monde à l'homme et à son intelligence qui veut tout ordonner. Les animaux sauvages servent alors de métaphore à un ordre qui échappe au contrôle de l'homme. Il est vrai que dans nos sociétés industrielles où la nature paraît entièrement maîtrisée, nous ne connaissons plus guère ces contrées sauvages dont Dieu parle à Job. Il reste que le premier discours rappelle à propos que le monde créé par Dieu est plus ancien et autre que le monde des hommes.

Un combat continuel contre le chaos

Le second déplacement auquel Job est invité, c'est de comprendre que Dieu combat les forces du chaos en domptant les deux bêtes qui le représentent. Comme nous l'avons déjà mentionné, le deuxième discours montre un Dieu qui, jour après jour, veille sur sa création en combattant et en repoussant les forces qui la menacent. Dieu rappelle à Job que cette irruption du mal ne doit pas être acceptée comme une fatalité puisqu'il œuvre constamment pour faire reculer le mal.

L'auteur du livre de Job s'oppose ainsi à une vision statique du monde et de la société. Il la remplace par une conception plus dynamique qui lui permet d'accepter la présence du mal sans pour autant lui attribuer la victoire définitive. Le poème de Job témoigne d'une grande lucidité : il refuse tout discours dogmatique sur Dieu et sur le monde, et il prend au sérieux l'expérience humaine tout en en montrant les limites. Comme Job doit se battre pour vivre dans un monde qui lui paraît invivable, ainsi Dieu doit se battre pour permettre la vie contre les forces de la mort.

JOB EST-IL CONVAINCU ?

Job a-t-il compris cette leçon ? Sa dernière prise de parole reste quelque peu ambiguë.

La réponse qu'il donne au deuxième discours divin (42, 1-6) pose de nombreuses questions philologiques et exégétiques. La TOB rend ainsi la fin de sa réplique : « Aussi j'ai horreur de moi, et je me désavoue sur la poussière et la cendre. » Mais, pour être aussi proche que possible du texte hébreu, on devrait plutôt traduire : « J'ai perdu tout intérêt et je regrette [ou : j'ai changé d'avis sur] la poussière et la cendre. »

Cela signifierait peut-être que Job a abandonné la quête d'un Dieu compréhensible et qu'il regrette les symboles de son deuil. Peut-on dire aussi qu'il accepte l'incompréhensible autrement qu'avant ?

Par cette dernière prise de parole, Job ouvre la voie à Qohéleth.

Trois autres chemins pour sortir de la crise

La conclusion quelque peu énigmatique de Job, après les réponses de Dieu, pouvait laisser certains insatisfaits. On a donc cherché d'autres chemins pour sortir la sagesse de la crise.

Autour de la partie centrale du livre ont ainsi été insérées trois autres approches, qui offrent des perspectives différentes :

L'éloge de la sagesse (chapitre 28).
Les discours d'Elihou (chapitres 32–37).
Le cadre narratif (chapitres 1–2 et 42, 7-17).

La « vraie » sagesse est inaccessible à l'homme

Dans le livre de Job, l'éloge de la sagesse (Jb 28) intervient comme un entracte entre la rupture du dialogue de Job avec ses amis et son monologue final. Mais il apparaît surtout comme une correction apportée à la conception que se font de la sagesse Job et ses amis. Il s'agit très probablement d'un ajout postérieur ; son auteur pensait résoudre la crise en disant : l'homme peut certes accomplir des œuvres remarquables (28, 1-11), mais la vraie sagesse lui demeure inaccessible (v. 12-19) ; Dieu seul la connaît (v. 20-28). Pour ce faire, il utilise l'image de l'exploitation minière qui apparemment fut pratiquée en Juda à l'époque perse. L'auteur à de bonnes connaissances des métaux précieux qui cependant ne peuvent égaler la valeur de la sagesse qui échappe à l'homme dans la vie comme dans la mort.

Ce texte prépare l'idée d'un lieu divin de la « vraie » sagesse. Une conception similaire est présente au chapitre 8 des Proverbes, qui date de l'époque hellénistique (IIIe siècle av. J.-C.) et qui fait de la sagesse une hypostase, une personne aux qualités divines.

Dans Proverbes 8, la Sagesse se présente elle-même et parle en « je ». Elle insiste d'abord sur ce qui est important pour l'homme qui aspire à la sagesse, à savoir « la crainte de YHWH ». La suite du chapitre souligne les origines divines de la Sagesse :

> YHWH m'a engendrée, début de son activité, prélude à ses œuvres anciennes [...]. Lorsqu'il établit les cieux, j'étais là [...], lorsqu'il imposa à la mer son décret pour que les eaux ne transgressent pas ses ordres, lorsqu'il établit les fondements de la terre. J'étais à ses côtés continuellement, j'étais son plaisir jour après jour, jouant devant sa face en tout temps, jouant sur le sol de sa terre, et mes délices, c'étaient les hommes [Pr 8, 22-31].

Cette autoprésentation de la Sagesse en fait une créature divine (nous avons vu un procédé similaire pour la *ma'at* en Égypte) précédant toutes les œuvres de la création. La Sagesse se situe donc devant toute origine pensable à l'homme. Elle est pourtant créée, elle reste objet de l'action divine. Ainsi l'auteur aboutit, dans sa tentative de décrire le statut de la sagesse, à un paradoxe : vue de la création et des hommes, la sagesse est intimement liée à YHWH ; vue de YHWH, elle reste pourtant affiliée à la création, même si dès le début elle est à ses côtés.

Les deux derniers versets cités décrivent également cette ambiguïté : dans le ciel, la sagesse joue pour YHWH, elle lui rend un culte joyeux, mais elle est également présente sur terre. Comme Dieu s'est réjoui de la sagesse, celle-ci se réjouit des hommes. Elle a donc une fonction médiatrice entre Dieu et l'humanité. L'homme a besoin d'elle, mais il ne pourra ni la maîtriser ni comprendre ses origines.

Proverbes 8 a été abondamment commenté par les Pères de l'Église, qui y ont vu une personne (féminine !) de la Trinité. Il a peut-être également inspiré l'hymne de l'Épître aux Colossiens où le Christ est présenté comme le premier-né de la création (on peut en effet comparer Col 1, 15-20 avec Pr 8, 24-26).

L'interprétation d'Elihou

Alors que l'auteur de Job 28 avait amorcé une réflexion sur l'inaccessibilité de la sagesse, celui de Job 32-37 prend une autre option.

Ces discours ont été insérés entre le défi lancé par Job à Dieu et l'intervention divine. Le nom Elihou, est une variante du nom Élie et signifie « mon Dieu, c'est Lui ». Elihou, qui est d'une génération plus jeune que Job et ses amis (32, 4.6), critique à la fois la position de l'un et des autres. Cependant, ses propos ne s'inscrivent pas dans le cadre d'un véritable dialogue ; c'est une polémique purement littéraire. À trois reprises, il cite des paroles de Job pour en prendre le contre-pied. Ainsi, à l'affirmation de Job : « Dieu agit de manière arbitraire », il répond : « Dieu est plus qu'un homme » (33, 10.12). Quand Job dit : « Je suis juste », il répond : « Il chemine de pair avec les malfaiteurs » (34, 5.8). À la question : « Quel avantage à ne pas pécher ? » il répond : « Je te réfuterai par mes discours, toi et tes amis du même coup ; considère les cieux et vois, contemple les nues, comme elles te dominent. Si tu pèches, le touches-tu ? » (35, 3-6).

Après s'en être pris à Job, Elihou développe ses propres thèses. Il insiste sur la justice de Dieu, mais modifie l'idée de rétribution. Il maintient certes le lien de causalité entre les actes d'un homme et son sort : « Dieu rend à l'homme selon ses œuvres, et traite chacun selon sa conduite » (34, 11). Mais il affirme également qu'il peut arriver que le juste doive souffrir. Cette souffrance est alors un moyen pédagogique qu'utilise Dieu pour « sauver l'opprimé par l'oppression et lui ouvrir l'oreille par la détresse » (36, 15). En ceci, les discours d'Elihou se rapprochent de la théologie du cadre narratif.

LE RÉCIT DE LA MISE À L'ÉPREUVE JOB 1-2 ET 42

Dans sa forme actuelle, le cadre narratif du livre de Job (1-2 et 42, 7-17) est clairement un texte récent (Ve-IVe siècle), même s'il repose peut-être sur une ancienne légende. Dans ce récit, Job est présenté comme le modèle du juste qui supporte les épreuves de son Dieu, même si elles sont incompréhensibles. Comme l'ont déjà remarqué les premiers commentateurs juifs, il ressemble étrangement à Abraham dans le récit du sacrifice d'Isaac (Gn 22).

Le prologue tel que nous le lisons aujourd'hui et qui a inspiré Goethe pour son *Faust* et bien d'autres œuvres met en scène une discussion dans le ciel entre YHWH et le satan. Or, on peut aisément montrer que les scènes de la cour céleste où apparaît le satan ont été ajoutées après coup.

Celui-ci n'est mentionné ni à l'intérieur du livre, ni à la fin du cadre narratif. Une analyse attentive de ce prologue fait en effet apparaître des incohérences logiques. Si on lit le verset 13 (« le jour arriva où ses fils et ses filles étaient en train de manger et de boire ») à la suite du verset 12 (« le satan se retira de la face de YHWH »), le pronom possessif devrait se référer à satan, ce qui ne fait pas de sens, car il s'agit évidemment des enfants de Job. Cependant, lu après le verset 5 (« ainsi faisait Job chaque fois ») et donc en omettant la discussion entre YHWH et le satan dans le ciel, le verset 13 fait parfaitement sens. Un autre argument pour postuler l'insertion postérieure des scènes où apparaît le satan réside dans le fait que le feu qui fait perdre au verset 16 à Job ses moutons et ses serviteurs est appelé un « feu divin », donc un feu envoyé par YHWH directement. Il s'ensuit que dans le récit originel de Job 1, c'est YHWH lui-même qui envoie à Job toutes sortes de malheurs, allant jusqu'à la mort de sa progéniture, sans qu'aucune explication soit donnée.

C'est sans doute pour corriger cette idée qu'un rédacteur ultérieur a ajouté les deux scènes dans le ciel en 1, 6-12 et 2, 1-7a, pour montrer que les malheurs de Job sont attribuables à un « satan ».

Qui est ce satan ? Le substantif désigne l'attaquant, l'adversaire. À l'origine, le verbe hébreu *satan* exprimait des attitudes humaines consistant à s'opposer à quelqu'un, à l'accuser (cf. 1 R 11, 14 ; Ps 109, 4). Puis il désigna la fonction d'un membre de la cour céleste chargé d'accuser les élus devant Dieu pour les mettre à l'épreuve (Za 3, 1-2) ; dans le livre de Job, la présence de l'article devant ce terme – *le* satan – montre qu'il ne s'agit pas encore d'un nom propre. Il le deviendra un ou deux siècles plus tard, peut-être sous l'influence de la religion perse. En 1 Ch 21, 1, c'est Satan qui insuffle à David l'idée d'entreprendre un recensement du peuple, réprouvé par Dieu, alors que le récit de 2 S 24 qui constitue la source de 1 Ch 21 parle de la « colère de YHWH ».

Avec ou sans le satan, Job 1-2 est la relecture apparemment « orthodoxe » de la partie centrale du livre – mais les apparences peuvent être trompeuses. En effet, le cadre narratif pris conjointement avec les dialogues en vers donne raison à Job contre ses amis « qui n'ont pas parlé de moi avec justesse comme l'a fait mon serviteur Job » (42, 7). Cela implique que le fait de « parler juste » de Dieu peut parfois s'exprimer par des accusations à son égard, même quand elles frôlent le blasphème.

Il est d'ailleurs pensable que l'auteur des dialogues ait pu lui-même entourer son œuvre de ce cadre narratif afin de mieux la faire accepter. Voulait-il se moquer de cette théologie populaire ?

3

LE BONHEUR DANS UN MONDE INCOMPRÉHENSIBLE

QOHÉLETH

Job se révoltait contre la conception selon laquelle la destinée de l'homme est déterminée par son comportement. Il demandait à Dieu de répondre. Mais les discours sur la création et les monstres primordiaux ne donnaient pas une explication évidente. Il est vrai que Job allait changer d'attitude, mais était-il pour autant convaincu ?

De nombreux commentateurs affirment que l'important n'est pas le contenu des discours de Dieu, mais le fait qu'il parle et se révèle. Cette solution est trop facile. Si telle avait été l'intention de l'auteur, il aurait pu se contenter de décrire la manifestation divine. On ne peut donc pas négliger le contenu des discours qu'il a rédigés. Dieu s'y présente comme le créateur et le gouverneur du monde, qui remet Job à sa juste place. Mais est-ce la réponse définitive au problème de Job ?

Qohéleth, un interprète du combat de Job

Un autre livre biblique témoigne d'une conception de Dieu très proche de celle des discours divins dans le livre de Job et des réactions de ce dernier. Il s'agit du livre de Qohéleth – ou L'Ecclésiaste, selon le grec qui a été repris dans de nombreuses traductions. Certains passages de ce livre peuvent même se comprendre comme des résumés du discours de Dieu à Job :

> Il a fait toute chose belle en son temps [...] sans que l'homme puisse découvrir l'œuvre qu'accomplit Dieu depuis le début jusqu'à la fin [Qo 3, 11].

Le monde a été créé selon un dessin, mais l'homme est incapable de le comprendre ; c'est exactement l'idée qui sous-tend les questions que Dieu pose à Job. Car il existe une distance infranchissable entre Dieu et les hommes : « Dieu est dans le ciel, toi sur la terre » (Qo 5, 1). L'ordre du monde est bel et bien devenu incompréhensible : « L'homme ne peut découvrir l'œuvre qui se fait sous le soleil » (Qo 8, 17). Qohéleth accepte ce contre quoi Job s'était révolté, à savoir l'absence de lien entre le comportement de quelqu'un et son destin : « Il est des justes qui sont traités selon le fait des méchants, et des méchants selon le fait des justes » (Qo 8, 14). Le point de départ de la position de Qohéleth est le constat que Job avait atteint à la suite des discours que Dieu lui avait adressés.

On peut donc dire que Qohéleth tire les conséquences de la lutte de Job avec Dieu : jouir de la vie là où Dieu le permet, et pour le reste se résigner à l'aspect incompréhensible des choses. Qohéleth semble même aller jusqu'à critiquer le défi que Job avait lancé à Dieu :

> On sait ce qu'est l'homme : il ne peut entrer en procès avec plus fort que lui. Quand il y a des paroles en abondance, elles font abonder la vanité [Qo 6, 10-11].

ISSUS TOUS DEUX DU MÊME MILIEU

Une ligne droite paraît ainsi conduire de Job à Qohéleth. Mais cette parenté ne se limite pas aux seules conceptions théologiques. Le milieu d'origine est également un point commun entre eux.

Nous avons déjà souligné que le Job des dialogues est un homme influent :

> Quand je sortais vers la porte de la cité [...], à ma vue les jeunes s'éclipsaient, les vieillards se levaient et restaient debout, les notables arrêtaient leurs discours et mettaient la main sur leur bouche [Jb 29, 7-9].

L'image est celle d'un riche aristocrate qui domine ceux qui l'entourent. Si par ailleurs Job est amené à comparer sa situation à celle des esclaves (7, 1-5), ce n'est pas qu'il mette en question l'esclavage, car le scandale est bien plutôt que lui-même se trouve à présent réduit à une telle condition.

Qohéleth appartient au même milieu : « À tous les propos qu'on profère, ne prête pas attention ; ainsi tu n'entendras pas ton esclave te maudire » (Qo 7, 21). Qohéleth et ses lecteurs possèdent des esclaves ; ils appartiennent donc à une classe aisée.

Avant l'exil babylonien, ce milieu aristocratique pouvait facilement résumer son expérience de la vie dans la doctrine de la rétribution. Après l'exil, où sa dépendance à l'égard d'un pouvoir étranger et les bouleversements économiques qui en résultèrent lui ont fait perdre sa place privilégiée, il n'en va plus de même. Dieu était jadis garant de l'ordre du monde, donc de l'ordre social. Aujourd'hui, il est devenu incompréhensible, il s'éloigne, il semble se cacher. Comment le sage va-t-il réagir à cette situation dans laquelle l'ordre traditionnel ne semble plus garanti ?

UN SCEPTIQUE DE L'ÉPOQUE HELLÉNISTIQUE

Le livre se présente comme les « paroles de Qohéleth, fils de David ». La traduction du mot « *Qohéleth* » est problématique. C'est le participe féminin d'une racine verbale qui signifie « rassembler », et dont dérive le substantif « assemblée ». On explique cette forme curieuse par analogie avec un passage du livre d'Esdras (Esd 2, 55-57) où l'on rencontre également des participes féminins désignant les fonctions du scribe ou du gardien de gazelles. Les mêmes termes ont ensuite été utilisés comme nom propre du fonctionnaire lui-même. Cette explication est plus probable que la tentative de certains exégètes féministes qui font de Qohéleth une femme.

Qohéleth est un personnage qui exerce une fonction dans le conseil du peuple, ou plus probablement un professeur de l'époque hellénistique, soit lié au Temple, soit un professeur « indépendant » dont le livre conserve peut-être les notes de ses cours. Le Siracide montre d'ailleurs que les sages et les scribes jouaient alors un rôle social important (Si 38, 32-33). Aucun équivalent du terme « *Qohéleth* » n'existant, on peut penser qu'il a été créé spécialement pour désigner le héros du livre. Son sens précis dépendrait alors du contenu de ses paroles. Certains commentateurs l'ont rendu, non sans raison, par « le sceptique ».

Il est appelé « fils de David ». Il s'agirait donc de Salomon ; mais c'est certainement une fiction, comme le montre le livre lui-même, qui parle des rois qui l'auraient précédé à Jérusalem (1, 16) alors que Salomon n'en fut que le deuxième. Il faut dire que l'attribution des livres de sagesse à des rois donne de l'autorité à leur contenu, nous avons observé le même procédé pour l'Égypte ancienne. Dans le cas de Qohéleth, la fiction salomonienne, abandonnée dès le milieu du chapitre 2, sert à montrer que la sagesse ne procure pas à l'homme un profit durable même si, au départ, on possède tout ce que peut posséder un roi comme Salomon, qui est dans la Bible présenté comme étant le sage par excellence.

La datation du livre est relativement aisée. Qohéleth présuppose la sagesse classique de l'époque avant l'exil babylonien, ainsi que le livre de Job (voir l'allusion à Job en Qo 6, 10-11). Le livre contient de nombreux mots, expressions et formes grammaticales qui n'apparaissent pas ailleurs dans la Bible hébraïque ; il est rédigé en un hébreu récent ; on y trouve également des emprunts à la langue perse – par exemple *pardès* pour « jardin » (2, 5), qui a donné « paradis » –, ainsi que l'influence de l'araméen. Tout concorde pour le dater du IIIe siècle avant notre ère, à l'époque où la Judée était intégrée à l'empire des Ptolémées. Quant au lieu de rédaction, les indices sont moins sûrs ; la majorité des spécialistes pensent à Jérusalem, le livre paraissant supposer un contexte palestinien.

Rien de nouveau sous le soleil...

Le prologue qui ouvre le livre de Qohéleth (Qo 1, 3-11) part d'une question tout à fait dans la ligne sapientielle : « Quel profit y a-t-il pour l'homme de tout le travail qu'il fait sous le soleil ? » (v. 3).

Le terme « profit » *(yitrôn)* n'est attesté dans la Bible hébraïque que chez Qohéleth. On peut le comprendre à l'époque hellénistique où cette notion jouait un rôle important. Pour l'idéal hellénistique, tel qu'il se répand sous le règne des Ptolémées en Palestine, le roi et tout homme qui veut réussir sa vie doivent être des « entrepreneurs ». Qohéleth reprend cette idée de profit pour la déplacer et la critiquer. Face à l'optimisme grec, il dit la finitude de l'homme qu'il exprime dès l'entrée en matière à l'aide de son expression favorite : « sous le soleil ». Celle-ci désigne la place de l'homme dans un univers qui échappe à son contrôle, comme le montre le poème qui ouvre le livre :

> Une génération s'en va, une autre vient, et *la terre subsiste toujours.*
> Le soleil se lève et le soleil se couche, il revient à ce lieu d'où il se lève.
> Le vent va vers le midi et tourne vers le nord ; le vent tourne, tourne et s'en va ; le vent reprend ses tours.
> Tous les torrents vont à la mer, et *la mer n'est pas remplie*, vers les lieux où vont les torrents, là-bas ils s'en vont de nouveau.
> Tous les mots sont fatigués, on ne peut plus les dire.
> L'œil ne se contente pas de ce qu'il voit, et *l'oreille ne se remplit* pas de ce qu'elle entend.
> Ce qui a été, c'est ce qui sera. Ce qui s'est fait, c'est ce qui se fera : rien de nouveau sous le soleil.
> S'il est une chose dont on puisse dire : « Regardez, c'est nouveau » – *cela existe déjà depuis les siècles qui nous ont précédés.*
> 11Il n'y a aucun souvenir des temps anciens ; quant aux suivants qui viendront, il ne restera d'eux aucun souvenir chez ceux qui viendront après [Qo 1, 4-11].

La structure de ce poème fait apparaître que la première partie du verset 8 constitue son centre. Ce verset, qui parle des paroles « fatiguées », montre la difficulté, voire l'impossibilité pour l'homme d'accéder à une vraie communication. C'est un énoncé polémique contre la sagesse traditionnelle qui est pleine d'admiration à l'égard de la parole du sage (cf. Pr 15, 23 ; 24, 26 ; 25, 11). Dans le second récit de la création, en Gn 2, 4-3, 24, la capacité de parler permettait à l'homme de nommer et de dominer les animaux (Gn 2, 19). Ici, l'homme est incapable de se poser dans le monde comme un sujet signifiant (Qo 1, 8). En effet, après le parler sont mentionnés le voir et l'entendre. Ces trois verbes décrivent justement les activités de la sagesse dont Qohéleth affirme ici le non-aboutissement.

À l'optimisme de la sagesse classique, Qohéleth oppose son constat : « rien de nouveau sous le soleil » (v. 9). Comme le montre le cadre de son poème (v. 4 et 10-11), l'homme ne peut percevoir ni une évolution ni un projet divin dans l'histoire ; au contraire, tout est répétition ; l'avenir est le passé. La terre subsiste, les générations changent et disparaissent dans l'oubli. Même le soleil, célébré dans certains psaumes (par exemple, Ps 19, 5-7), apparaît ici comme un ouvrier soumis à une corvée dépourvue de sens ; chaque matin, il doit recommencer le même travail, haletant et soufflant (Qo 1, 5).

Même ce qui est apparemment nouveau a déjà existé, nous dit Qohéleth. Son prologue rappelle ce que dira plus tard Renan : « Le présent est mauvais, le passé ne valait pas mieux, et l'avenir ne sera pas préférable. » Contrairement aux grandes traditions fondatrices de la Bible hébraïque, Qohéleth renonce à l'idée d'une histoire linéaire qui se déploie ; la notion même d'histoire devient impropre.

Par rapport à la sagesse classique, Qohéleth prend une position ambiguë. Certes, il critique les activités traditionnelles de la sagesse, mais paradoxalement il atteint d'une certaine manière le but de la sagesse qui est d'observer et de décrire le monde. En effet, le caractère insignifiant de l'activité humaine (1, 8) participe en quelque sorte au mouvement répétitif et perpétuel de la création. L'agir de l'homme est donc conforme aux lois de la création, mais l'homme ne peut être le maître de la création par ses capacités d'observation et de parole.

Mise en question de la sagesse

Qohéleth connaît et utilise les genres littéraires de la sagesse traditionnelle. On trouve chez lui des sentences d'une seule ligne : « Beaucoup de sagesse, beaucoup d'affliction » (1, 18), et des exhortations plus développées : « Que ta bouche ne se précipite pas, et que ton cœur ne se hâte pas de proférer une parole devant Dieu » (5, 1).

Mais Qohéleth recourt à ces formes de la sagesse classique justement dans le but de la mettre en question. La discussion et la polémique avec la sagesse et l'héritage de la tradition sont même probablement un thème central du livre.

La sagesse classique avait insisté sur l'aspect positif du travail. Selon Qohéleth, celui-ci est avant tout une peine qui ne procure pas automatiquement un quelconque avantage. Pour la sagesse classique, il importait que l'homme saisisse le *bon moment.* Pour Qohéleth, il est vrai qu'il *y a un temps pour tout* (3, 1s), mais l'homme ne peut nullement saisir par lui-même ces moments ; ils lui tombent dessus sans qu'il n'y puisse rien.

Souvent, Qohéleth cite des affirmations de la sagesse classique pour les réfuter. Par exemple : « Celui qui observe le commandement ne connaîtra rien de mauvais ; le temps et l'ordre, le cœur du sage les connaît » (Qo 8, 5). À quoi il répond :

> En effet, il y a pour chaque chose un temps et un jugement, mais il y a un seul grand malheur pour l'homme : il ne sait pas ce qui arrivera. Qui lui indiquera quand cela arrivera ? [8, 6-7].

En outre, comme Job, Qohéleth constate que le principe de causalité ne tient pas (cf. 8, 12). Son expérience de la vie le conduit à contester l'optimisme de la sagesse traditionnelle :

> J'ai vu toute l'œuvre de Dieu ; l'homme ne peut découvrir l'œuvre qui se fait sous le soleil, bien que l'homme travaille à la rechercher, mais

sans la découvrir ; et même le sage qui affirme qu'il sait ne peut la découvrir [8, 17].

On trouve ici la mise en question la plus radicale qui soit de la sagesse. Il n'est pas étonnant qu'elle n'ait pas été acceptée par tout le monde, comme le montre l'exemple des livres du Siracide ou de la Sagesse de Salomon. Pourtant, la constatation faite par Qohéleth que la sagesse paraît hors de portée du sage lui-même signifie-t-elle vraiment la fin de la sagesse ?

Dieu et le destin

Qohéleth parle relativement souvent de Dieu ; le terme hébreu « Elohim » apparaît quarante fois dans son livre. Beaucoup de commentateurs se contentent de cette statistique pour affirmer que Qohéleth reste enraciné dans la foi d'Israël. Jamais pourtant on ne trouve chez lui le nom propre du Dieu d'Israël, YHWH. Il utilise de préférence le terme générique précédé de l'article *(ha-élohîm)*, qu'on pourrait traduire par « le dieu », ou « la divinité ». Qu'est-ce à dire ?

Pour comprendre sa pensée, examinons les verbes qui ont Dieu pour sujet. D'abord, Dieu *donne* : il donne le temps de la vie (5, 17 ; 8, 15 ; 9, 9), ou la vie elle-même (12, 7). Mais il donne également la peine (3, 10). Or, l'homme ne peut découvrir l'œuvre de Dieu (3, 11) ; ce que Dieu donne, du début à la fin, lui reste incompréhensible ; il ne peut le déduire de rien. Il en va de même des verbes « faire » et « créer ». Dieu a certes fait toute chose belle en son temps (3, 11) ; il a fait l'homme (7, 29), mais son œuvre reste incompréhensible (11, 5).

Dieu semble donc se confondre presque avec le destin. Et de fait, le mot « destin » *(miqrah)*, absent des livres des Proverbes et de Job, apparaît sept fois chez Qohéleth. Un même sort, constate-t-il, attend le sage et l'insensé, l'homme et l'animal, le juste et le méchant : la mort (2, 14-15 ; 3, 19 ; 9, 2-3). Dieu est certes l'auteur du monde et de l'univers, mais le monde n'en est pas pour autant devenu compréhensible. On peut donc voir en Qohéleth le premier philosophe de la Bible et du judaïsme.

Face à ce Dieu éloigné, Qohéleth parle de la crainte de Dieu. Revient-il ainsi aux conceptions de la sagesse classique ? Sûrement pas. Chez lui, la crainte de Dieu a perdu tout accent de confiance ou d'optimisme. La crainte exprime ici le sentiment de distance, et surtout l'acceptation par l'homme du destin qui lui est réservé. C'est la seule attitude possible à l'égard d'un Dieu inconnu et inconnaissable.

Absurdité et bonheur

Pour Qohéleth, le monde est absurde – c'est ainsi qu'on pourrait traduire son fameux « vanité des vanités, tout est vanité » (1, 2). La recherche du sens de la vie ne mène à rien. L'homme doit accepter la réponse négative qui est faite à sa question : quel profit y a-t-il ?

Qohéleth distingue toutefois entre le « profit » et la « part ». Il n'y a pas de profit, soit ! Mais « je vois qu'il n'y a rien de mieux pour l'homme que de jouir de ses œuvres ; car telle est sa part » (3, 22).

La « part » peut être trouvée immédiatement dans le travail concret, sans expliquer pour autant le destin de l'homme. Qohéleth appelle souvent à la joie : « Je sais qu'il n'y a rien de bon pour lui que de se réjouir et de se donner du bon temps durant sa vie » (3, 12). Il ne peut donc être taxé de pessimiste. Car malgré son constat de l'absurdité du monde, il ne craint pas d'inviter ses lecteurs à profiter des bonnes choses de la vie.

C'est Qohéleth qui introduit le concept du *carpe diem* dans la Bible. Le conseil qu'il donne en 9, 7-9 peut déjà être trouvé, nous l'avons vu, dans l'épopée de Gilgamesh :

> Va, mange avec joie ton pain et bois de bon cœur ton vin, car Dieu a agréé tes œuvres. Que tes vêtements soient toujours blancs et que l'huile ne manque pas sur ta tête. Goûte la vie avec la femme que tu aimes durant tous les jours de ta vaine existence.

L'idée re retrouve au premier siècle avant l'ère chrétienne chez le poète Horace, influencé par l'épicurisme et le stoïcisme, deux courants philosophiques qu'on a également voulu rapprocher du Qohéleth :

> Ne cherche pas à connaître, il est défendu de le savoir, quelle destinée nous ont fait les dieux [...]. Cueille le jour, et ne crois pas au lendemain [Odes, I, 1].

Qohéleth mène une enquête rigoureuse sur le sens de la vie. Il ne méprise pas la vie, bien que la mort joue un rôle important dans ses réflexions. Contrairement à la sagesse classique qui ne se préoccupait que de la mort prématurée (cf. Pr 10, 2 ; 11, 4), il insiste sur la mort comme étant le sort inévitable de l'homme : « Tous vont vers un même lieu ; tous viennent de la poussière, et tous retourneront vers la poussière » (Qo 3, 20). Cette affirmation montre que l'auteur connaît le récit de l'expulsion du paradis où YHWH dit la même chose à Adam (Gn 3, 19 : « Oui, tu es poussière et à la poussière tu retourneras »). Qohéleth rejette les spéculations grecques sur l'immortalité de l'âme qui commençaient à pénétrer le judaïsme (3, 21). En plaçant ainsi l'individu devant la mort, il souligne la relativité de tout effort humain, et il force ses lecteurs à reconnaître les limites imposées à leur existence.

De fait, Qohéleth se révèle moins comme un pessimiste que comme un sceptique. L'ordre caché de l'univers est une illusion, et pour éviter de sombrer dans la dépression, il est préférable, dit-il, de jouir malgré tout des plaisirs de la vie.

Plus encore, à sa manière de parler de Dieu, Qohéleth pourrait être qualifié de philosophe. Il ne se réfère pas à la foi traditionnelle d'Israël, mais à une sorte de théologie universelle. Il est le premier à utiliser l'hébreu pour exprimer des propos quasi philosophiques, à la fois imprégnés de la tradition juive et en rupture avec elle.

Accueilli quand même dans la Bible

L'entrée du livre de Qohéleth dans le canon de la Bible n'est pas allée de soi. Au IIe siècle de l'ère chrétienne encore, il existait chez les savants juifs des discussions sur sa « sainteté ». Ainsi, l'école du rabbi Hillel estimait que Qohéleth était un livre qui « souillait les mains », donc intouchable, c'est-à-dire un livre saint ; mais celle de Shammaï pensait le contraire.

Les raisons de l'opposition à ce livre tenaient surtout aux contradictions qu'on croyait y relever – par exemple l'affirmation que le rire est louable (Qo 2, 2), contredit par le propos selon lequel le deuil est préférable au rire (7, 3) – mais aussi à sa conception de Dieu et du monde.

L'entrée dans la troisième partie de la Bible hébraïque a finalement été rendue possible par trois circonstances. Tout d'abord par son attribution fictive à Salomon (1, 1) que nous avons déjà discutée. Ensuite par l'ajout d'un premier épilogue (12, 9-11), qui fait de Qohéleth un sage exemplaire à qui les sentences ont été données par un « berger », c'est-à-dire par Dieu. Enfin, par un second épilogue inséré encore plus tard (12, 12-14), dont l'auteur n'hésite pas à écrire :

> D'un ajout de plus garde-toi, mon fils. Il n'y a pas de limite à multiplier les livres ; et à beaucoup étudier, le corps se fatigue. Fin du discours. Tout a été dit. Crains Dieu, et observe ses commandements.

Ce dernier auteur n'aime pas les tourments et discours désabusés… Il lui importait bien davantage que Qohéleth ait parlé de la crainte de Dieu, qu'il comprend comme une piété centrée sur la Loi. Sans doute voulait-il corriger les préoccupations du livre dont il a rédigé la postface. On peut néanmoins se réjouir de son intervention, puisque c'est grâce à elle que s'est ouverte, pour Qohéleth, l'entrée dans la Bible juive et chrétienne.

4

LA SAGESSE COMMENCE PAR LA CRAINTE DE DIEU

Tout au long de notre enquête, nous avons constaté que la sagesse biblique se présente à nous sous de multiples visages. Certains textes font apparaître une vision très optimiste de l'homme et de sa place dans le monde, alors que d'autres adoptent une attitude beaucoup plus sceptique. Il semble bien difficile de faire ressortir la quintessence des différents écrits sapientiaux.

Néanmoins, les derniers rédacteurs de ces livres nous ont fourni une piste. Ainsi, le livre des Proverbes s'ouvre par la maxime : « La crainte de YHWH est le principe du savoir » (Pr 1, 7). Le livre de Job débute également par une remarque sur la crainte de Dieu qui anime son héros (Jb 1, 1). Quant au livre de Qohéleth, son rédacteur final ne peut qu'inviter le lecteur, dans son ultime requête, à pratiquer la crainte de Dieu (Qo 12, 13).

Les éditeurs des trois livres de la sagesse de la Bible hébraïque tenaient donc à donner à la « crainte de Dieu » une place privilégiée. Mais quel est le sens de cette expression ? Il ne s'agit pas, en premier lieu, d'une attitude de soumission passive à quelque divinité toute-puissante. La crainte de Dieu implique, dans de nombreux cas, un engagement actif pour la vie contre les forces de la mort : « La crainte du Seigneur est source de vie pour se détourner des pièges de la mort » (Pr 14, 27). Mais il faut encore aller plus loin.

Ce qui fait jaillir la vie

La crainte de Dieu ne se cantonne toutefois pas aux livres de sagesse proprement dits. Elle apparaît aussi dans certains récits bibliques qu'on pourrait appeler narrations sapientiales.

Ainsi, l'un des premiers récits de la grande épopée de la sortie d'Égypte est agencé autour de la crainte de Dieu des sages-femmes du Pharaon :

> Le roi d'Égypte parla aux sages-femmes des femmes hébraïques dont la première s'appelait Shifra et la deuxième Poua. Il dit : « Lorsque vous accouchez les femmes hébraïques, faites attention au sexe de l'enfant ; si c'est un garçon, vous le tuerez ; si c'est une fille, elle vivra. »
> Mais les sages-femmes craignirent Dieu et ne firent pas comme leur avait dit le roi d'Égypte ; elles laissèrent vivre les garçons. Alors le roi d'Égypte appela les sages-femmes et leur dit : « Pourquoi avez-vous fait cela et laissé vivre les garçons ? » Les sages-femmes dirent au Pharaon : « Vraiment, elles ne sont pas comme les femmes égyptiennes, les hébraïques ; vraiment ce sont des bêtes : avant que la sage-femme n'arrive chez elles, elles ont enfanté ». Dieu fit du bien aux sages-femmes ; le peuple se multiplia ; et ils devinrent très forts.

Parce que les sages-femmes avaient craint Dieu, il leur fit avoir des familles.
Alors le Pharaon ordonna à tout son peuple : « Tout garçon qui est né, vous le jetterez dans le Nil, et toute fille, vous la laisserez vivre » [Ex 1, 15-22].

Ce petit récit qui introduit l'histoire de la naissance et du sauvetage de Moïse est savamment construit.

Au début et à la fin (v. 15 et 22), le Pharaon promulgue des ordres impliquant la mort, tandis qu'au centre se trouvent les sages-femmes qui agissent et parlent pour défendre la vie (v. 17b-19). Cet élément central est encadré par une double insistance du texte sur la motivation de ces femmes, à savoir leur crainte de Dieu (v. 17a et 21).

Les sages-femmes sont en effet les premiers personnages du livre de l'Exode à être mis en relation avec Dieu. Dans les versets qui précèdent, nous apprenons les souffrances et les cris de détresse du peuple hébreu, mais rien n'est encore dit d'une éventuelle intervention de Dieu. La première fois que Dieu intervient en faveur de son peuple, c'est à travers la crainte de Dieu des sages-femmes !

Du coup, la question de la « nationalité » des sages-femmes prend une grande importance. Pour la plupart des commentateurs juifs et chrétiens, les héroïnes du récit sont des femmes hébraïques. Pourtant, Flavius Josèphe, l'historien juif du Ier siècle de notre ère, a donné des arguments convaincants qui invitent à considérer les sages-femmes comme des Égyptiennes. Dans son livre des *Antiquités juives*, il écrit :

> Le roi prescrit que tout nouveau-né mâle des Israélites soit jeté dans le fleuve et que les femmes des Hébreux en travail soient observées et leur accouchement surveillé par des sages-femmes égyptiennes ; selon ses ordres, cet office devrait être rempli par des femmes qui, étant ses compatriotes, ne transgresseraient pas la volonté du roi [II, 206-207].

Cette interprétation concorde avec la logique narrative du récit de l'Exode. En outre, les explications par lesquelles les accoucheuses se justifient devant le Pharaon – « Vraiment, elles ne sont pas comme les femmes égyptiennes, les hébraïques » (v. 19) – ne sont plausibles, même sur le plan de l'ironie, qu'à condition qu'elles s'occupent habituellement des Égyptiennes.

Puisqu'elles agissent par la crainte de Dieu, ces Égyptiennes symbolisent les païens justes vivant conformément à l'ordre de la création et s'opposant à toute atteinte à cet ordre, même si celle-ci vient d'un roi qui, normalement, devrait veiller au maintien de cet ordre.

La crainte de Dieu des sages-femmes exprime donc la vraie sagesse, opposée aux « sages mesures » que le Pharaon prétend prendre (Ex 1, 10). On pourrait même dire que notre récit est une application narrative de l'affirmation des Proverbes que nous avons citée plus haut, selon laquelle la crainte de YHWH fait jaillir la vie et écarte la mort (Pr 14, 27). Dans le début de l'Exode comme dans la tradition sapientielle, la crainte de Dieu est par excellence le combat pour la vie qui joue un tour au pouvoir de la mort. Elle a quelque chose de pragmatique : pas besoin d'élaborer une théologie compliquée pour prendre le parti de la Vie.

La même quête dans tous les peuples

L'aspect pragmatique et universel de la crainte de Dieu est encore présent dans deux autres récits bibliques qui révèlent des préoccupations comparables à celui que nous venons de parcourir. Leurs auteurs veulent montrer que la crainte de Dieu existe aussi chez les autres peuples et qu'il y a, à ce niveau, un dialogue théologique possible.

Ainsi Abraham, en traversant une région étrangère, fait passer sa femme Sara pour sa sœur par peur qu'on ne se débarrasse de lui si on le sait le mari de cette belle femme (Gn 20, 2 ; cf. Gn 12, 11-13). Auprès du roi philistin Abimèlèk à qui Dieu a révélé la supercherie, il se justifie par cet argument : « Je m'étais dit : "Il n'y a pas de crainte de Dieu dans ce lieu, ils me tueront à cause de ma femme" » (20, 11). Mais le comportement du roi, de même que celui de ses serviteurs saisis de « crainte » (v. 8), prouve le contraire : il laisse

Abraham en vie, et donne même des cadeaux à Sara. À Abraham obsédé par la mort, Abimèlèk oppose une option de vie.

Par ailleurs, le petit livre du prophète Jonas peut également être lu comme une narration sapientielle et universaliste. Jonas, le prophète judéen, veut s'enfuir loin du Dieu d'Israël qu'il confesse pourtant comme le Dieu du ciel, des mers et de la terre (Jon 1, 9). Cette fuite provoque une immense tempête, donc une menace de mort pour Jonas, ainsi que pour les marins païens dont il avait affrété le navire. Contrairement à Jonas, les marins sont, eux, saisis d'une *crainte* de YHWH (1, 16), et grâce à leur comportement ils sauvent leur vie et celle de Jonas ; celui-ci apprendra, dans la suite de ses périples, que Dieu veut la vie et le bonheur aussi pour d'autres peuples, même pour les Assyriens, les grands oppresseurs d'Israël et de Juda aux VIIIe et VIIe siècles avant l'ère chrétienne.

Ces trois récits des sages-femmes égyptiennes, du roi Abimèlèk et des compagnons de Jonas partagent donc l'idée que la crainte de Dieu est une attitude universelle qui peut être adoptée par tous les peuples.

La crainte de Dieu résume ainsi une idée centrale de la sagesse en exprimant cette quête par laquelle on cherche à se conformer aux projets du Dieu créateur qui veut la vie et l'épanouissement de sa création.

5

LA SAGESSE DANS LA BIBLE GRECQUE ET À QUMRÂN

Le livre du Siracide
La rencontre entre judaïsme et hellénisme

Le livre de Jésus, fils de Sira, appelé le Siracide (dans la Vulgate l'Ecclésiastique) est un écrit sapiential transmis via la Bible grecque. Jusqu'au XIXe siècle on ne connaissait ce livre que sous sa forme grecque, mais dès la découverte de la gueniza du Caire[1] il devint clair qu'il y avait un original de ce livre écrit en hébreu. Aujourd'hui on connaît plusieurs manuscrits en hébreu (Qumrân, Massada) qui permettent de reconstituer environ 60 % du texte hébreu.

L'auteur du livre a vécu un siècle plus tard que Qohéleth, sans doute également à Jérusalem. Il fut probablement aussi un professeur de sagesse qui cherchait à combiner les traditions du judaïsme naissant avec l'hellénisme. Ses textes sur la sagesse écrits vers 190 avant l'ère chrétienne furent réunis dans un livre et traduits en 132 par son petit-fils en grec en Égypte, sans doute en Alexandrie où se trouvait une importante population juive.

1. Une gueniza est un endroit dans une synagogue ou on dépose des manuscrits trop abîmés pour pouvoir être utilisés pour la lecture.

Il a rédigé un prologue qui précède la traduction grecque, sur la base de laquelle ont été faites les traductions françaises de ce livre qui se trouve dans les Anciens Testaments des Églises catholique et orthodoxe, ou parmi les écrits « deutérocanoniques » dans certaines bibles protestantes.

Dans ce prologue, le petit-fils du Siracide mentionne l'instruction et la sagesse d'Israël qui ont été « transmises par la Loi, les Prophètes et ceux qui les ont suivis », ce qui est une des premières attestations de l'organisation de la Bible hébraïque en trois parties. Il évoque également la difficulté de traduire des textes écrits en hébreu dans une autre langue.

Le livre de son grand-père s'ouvre par une louange de la sagesse qui rappelle le discours de la Sagesse en Proverbes 8 :

> Toute sagesse vient du Seigneur, avec lui elle demeure à jamais [...]. Avant toutes choses fut créée la sagesse, de toute éternité l'intelligence prudente [...]. Le Seigneur lui-même l'a créée, il l'a vue et mesurée, il l'a répandue sur toutes ses œuvres, en toute chair selon sa largesse, il l'a accordée à ceux qui l'aiment, lui [Si 1, 1-10].

Cette présentation de la sagesse souligne, comme Proverbes 8, le caractère divin de la sagesse qui précède toutes les autres œuvres de la création. Il est possible que le Siracide eût déjà connu le chapitre 8 des Proverbes, et qu'il l'ait repris à son compte (comme il le fait encore au chapitre 24 dans lequel la Sagesse parle à la première personne).

Dans la suite, il s'inspire également du livre des Proverbes lorsqu'il affirme, comme Pr 1, 1 :

> Le commencement de la sagesse, c'est la crainte du Seigneur, pour les fidèles, elle a été créée avec eux dans le sein maternel [Si 1, 14].

Dans les chapitres 1-16, le Siracide reprend des thèmes traditionnels de la sagesse : la modestie, l'humilité, le respect des parents, le souci du pauvre, la prudence, l'équité, etc. Cependant, le Siracide introduit une nouveauté importante : il identifie la Loi, la Torah et la Sagesse.

La sagesse et la Loi

Au chapitre 24 la Sagesse prend elle-même la parole et raconte comment elle avait cherché un endroit pour s'établir parmi les hommes :

> Sur tous les peuples et toutes les nations s'étendait mon pouvoir. Parmi eux tous j'ai cherché où reposer : en quel territoire pouvais-je m'installer ? Alors le créateur de toutes choses m'a donné un ordre, celui qui m'a créée a fixé ma demeure. Il m'a dit : « En Jacob établis ta demeure, en Israël reçois ton patrimoine » [Si 24, 6-8].

Ce chapitre part de l'idée que la sagesse est d'abord un don de Dieu à tous les peuples, mais transforme cette universalité de la sagesse en une particularité, en insistant sur le fait que la sagesse a pris demeure en Israël et qu'elle se manifeste à travers la Torah. Elle se trouve dans « le livre de l'alliance du Dieu Très-Haut, la Loi que Moïse nous a prescrite » (24, 23).

Ce rapprochement entre la sagesse et la Torah trouve peut-être son origine dans le livre du Deutéronome rédigé par des scribes proches des milieux sapientiels. Ceux-ci intégrèrent en effet dans les exhortations relatives à l'observation de la Loi de nombreuses idées de la sagesse classique, mais sans toutefois confondre la Loi révélée par Dieu sur le Sinaï et la sagesse en tant que démarche humaine. C'est le Siracide qui opère cette identification au chapitre 24 de son livre. La sagesse perd alors son caractère universel et devient le don d'une révélation de Dieu à Israël.

On observe une tendance similaire dans des écrits de sagesse trouvés à Qumrân dans la cave 4. Malheureusement, ces textes sont fragmentaires, ce qui rend l'interprétation difficile. On observe cependant dans certains textes un rapprochement entre sagesse et Torah très similaire au chapitre 24 du Siracide. L'auteur de l'éloge de la sagesse (4 Q 185) avance que la vraie sagesse ne peut venir que de Dieu qui l'a donnée à son peuple Israël.

Malgré sa popularité (ce livre a influencé des prières juives ; dans le Nouveau Testament il est cité par l'Épître de Jacques), le Siracide ne fut pas accueilli dans la Bible hébraïque ; les raisons de cette exclusion ne sont pas évidentes. Il est possible que l'insistance sur l'importance des prêtres qu'on trouve dans ce livre n'ait pas convenu au judaïsme pharisien ; une autre raison du refus pourrait être le fait que le prologue indique très clairement qu'il s'agit d'un livre très récent qui n'a pas été mis sous l'autorité de Salomon. Ou a-t-on écarté le Siracide de la Bible hébraïque pour laisser à la sagesse son caractère universel ?

La sagesse à Qumrân

Outre l'identification de la sagesse à la Torah on observe dans les écrits de Qumrân une eschatologisation de la sagesse. Ainsi, on trouve en 4 Q 184 comme en Pr 7 une mise en garde contre la femme séductrice. Dans le texte de Qumrân, la femme séductrice habite « au milieu des flammes éternelles » et elle veut « égarer les humains dans les voies de la Fosse ».

Alors que le livre des Proverbes oppose les sages aux insensés, on trouve dans les textes de Qumrân le dualisme entre les fils des ténèbres et les fils des lumières (avec lesquels s'identifiait la communauté de Qumrân). Les fils des ténèbres périront lors du jugement alors que les fils de lumières connaîtront la béatitude après la mort. Une telle vision se trouve dans un texte appelé « Instruction pour un étudiant » *(Musar lemebin)* ou « Le secret des cours des choses » dont existent sept copies (malheureusement dans un état fragmentaire). On y trouve également une combinaison de thèmes de la sagesse avec une perspective apocalyptique : « Il jugera l'œuvre de l'iniquité, mais tous ceux qui appartiennent à la vérité, il les favorisera [...] dans toutes les ères de l'éternité » (4 Q 416, fragment 1). « Ceux qui recherchent la vérité se réveilleront pour prononcer la sentence » (4 Q 418, fragment 69).

À certains égards, on peut rapprocher certains discours dans ce livre sapiential du « serment sur la montagne » de l'évangile de Matthieu (Mt 5-7) qui combine également un enseignement sapiential avec l'idée d'un jugement imminent. À plusieurs reprises, le livre revient sur le thème de la pauvreté et de l'idée de se contenter de ce que Dieu a donné. Dans le livre des Proverbes la pauvreté résulte d'un comportement inapproprié (par exemple Pr 28, 19). Dans le livre de l'« Instruction », la pauvreté est la condition normale de l'étudiant ou du disciple (peut-être ce livre était-il destiné à l'initiation des nouveaux membres de la communauté). Cependant, les deux livres se rencontrent dans l'appel à l'humilité et la mise en garde contre l'obsession de l'argent : « Ne te laisse pas fasciner par l'argent ; il est bon pour toi d'avoir l'esprit humble » (4 Q 416, fragment 2).

On peut aussi lire dans ce livre une critique de Qohéleth qui avait constaté que l'homme ne peut pas connaître les desseins de Dieu. Selon le livre de l'« Instruction », l'homme peut connaître le bien et le mal ainsi que la sagesse (2 Q 418, col. 1). Comme Qohéleth, l'auteur de l'« Instruction » invite à observer le monde, mais contrairement à Qohéleth il considère qu'une compréhension du monde est possible :

> En connaissant le secret du cours des choses, cherche à comprendre alors tu connaîtras son héritage véridique [4 Q 416, fragment 1].

On constate ici une tendance à réduire la sagesse et la connaissance du monde aux initiés de la communauté.

Le retour de Salomon

Nous avons vu que le livre des Proverbes et le livre du Qohéleth avaient été attribués au roi Salomon (comme d'ailleurs le Cantique des Cantiques), le patron de la sagesse. Plus tard, c'est un autre livre rédigé en grec qui fut mis sous son autorité : *Sophia Salômônos*, *Sagesse de Salomon*. La tradition latine parle seulement du *Liber sapientiae*, *Livre de la Sagesse*.

Il s'agit d'un texte issu de la diaspora juive, hellénophone, qui voulait peut-être aussi s'adresser à des lecteurs non juifs. Ce livre n'a pas été écrit d'un seul trait ; on peut situer sa formation entre le Ier siècle avant et le Ier siècle après l'ère chrétienne, probablement à Alexandrie, où le livre du Siracide fut traduit en grec. L'auteur et les rédacteurs sont enracinés dans l'héritage des traditions bibliques, mais ils connaissent également les grands courants de la philosophie grecque.

Le livre s'ouvre par un appel à aimer la justice, et oppose les justes aux impies (chapitres 1-5) ; il réaffirme, comme le livre des Proverbes, mais contrairement à Job et Qohéleth, un lien entre le comportement de quelqu'un et son destin. Mais cette idée de la rétribution peut se réaliser au-delà de la mort :

> Les âmes des justes, elles, sont dans la main de Dieu et nul tourment ne les atteindra plus. Aux yeux des insensés, ils passèrent pour morts [...]. Pourtant ils sont dans la paix [Sa 3, 1-3].

L'idée de la rétribution est ainsi déplacée après la mort : même si le juste doit mourir tôt, son âme connaîtra le repos auprès de Dieu :

> Un juste, au contraire, même s'il meurt avant l'âge, connaîtra le repos : car la vieillesse estimée n'est pas celle du grand âge, elle ne se mesure pas au nombre des années. La sagesse tient lieu de cheveux blancs pour l'homme, l'âge de la vieillesse, c'est une vie sans tache. Devenu agréable à Dieu, il a été aimé et, comme il vivait parmi les pécheurs, il a été emporté ailleurs. Son âme a plu au Seigneur et c'est pourquoi elle s'est hâtée de sortir d'un milieu pervers [Sa 4, 7-14].

L'auteur reprend ici de la philosophie grecque l'idée de l'immortalité de l'âme.

Dans la deuxième partie du livre (chapitres 6-9), Salomon prend lui-même la parole et prononce une louange de la sagesse qui, comme Pr 8, est comprise comme une émanation de Dieu :

> Aussi la sagesse est-elle plus mobile qu'aucun mouvement, à cause de sa pureté, elle passe et pénètre à travers tout. Elle est un effluve de la puissance de Dieu, une pure irradiation de la gloire du Dieu souverain ; c'est pourquoi nulle souillure ne se glisse en elle. Elle est un reflet de la lumière éternelle, un miroir sans tache de l'activité de Dieu et une image de sa bonté. Comme elle est unique, elle peut tout demeurant en elle-même, elle renouvelle l'univers et, au long des âges, elle passe dans les âmes saintes pour former des amis de Dieu et des prophètes. Car seuls sont aimés de Dieu ceux qui partagent l'intimité de la Sagesse. Elle est plus radieuse que le soleil et surpasse toute constellation [Sa 7, 24-29].

Salomon présente ensuite la sagesse comme son épouse par laquelle il obtiendra l'immortalité (Sa 8, 2-16).

Une relecture des traditions de l'Exode

Dans la troisième partie du livre (Sa 10-19), la sagesse apparaît comme le moteur de l'histoire du peuple hébreu depuis les origines, en particulier de la sortie d'Égypte et le séjour dans le désert. Les Égyptiens sont ainsi identifiés aux impies et les Israélites aux justes. Il s'agit bien plus que d'un résumé de l'histoire biblique ; selon Sa 12, les Égyptiens sont punis parce qu'ils ont rendu un culte aux animaux dont il n'est nullement question dans les sources bibliques. C'est sans doute une question d'actualité pour l'auteur, vivant dans le delta du Nil et confronté à la religion thériomorphe des Égyptiens. Cette dernière partie est assez différente des chapitres 1-9 et fut peut-être écrite par un autre auteur. Dans les chapitres 10-19 l'enjeu est en effet de montrer la relation entre le Dieu d'où émane toute sagesse et l'histoire de son peuple.

Le livre de la Sagesse de Salomon veut donc réaffirmer que les souffrances des justes ne sont pas vaines et qu'ils vont être récompensés. Mais cette affirmation ne peut se démontrer que dans le passé et dans l'avenir : dans le passé par une réinterprétation des traditions fondatrices qui montre que Dieu a été du côté de son peuple injustement opprimé, et dans l'avenir par l'affirmation que les justes seront dans la béatitude éternelle après leur mort (voir 4, 10-11). Ainsi le problème des justes souffrant dans le présent reçoit une réponse eschatologique.

CONCLUSION

La sagesse biblique un souffle d'universalité

Nous avons vu, tout au long de notre enquête, que la sagesse tient une place importante parmi les traditions religieuses de l'ancien Israël.

Si on veut comprendre pourquoi les livres des Proverbes, de Job et de Qohéleth ont trouvé place à l'intérieur de la Bible hébraïque, c'est probablement parce qu'ils y apportent une dimension d'universalité et d'ouverture.

La crise de la sagesse

Dans la Bible hébraïque, la sagesse ne se caractérise pas en premier lieu par une curiosité intellectuelle. Elle a une visée pratique ; elle est un art de vivre. Car c'est en observant le monde que le sage y découvre le dessein divin et peut y conformer sa vie. La vraie sagesse, qui se fonde sur l'observation et l'expérience, est donc empirique. Mais elle se veut aussi humble, car elle sait que l'ordre du monde n'est pas soumis aux théories humaines.

Le dernier mot appartient à Dieu : « Le cœur de l'homme médite la voie à suivre, mais c'est YHWH qui dirige ses pas » (Pr 16, 9 ; cf. 16, 33 ; 19, 21).

L'attitude du sage vis-à-vis du monde est d'abord une attitude optimiste. Malheureusement, cet optimisme a provoqué une certaine dérive de la sagesse. Celle-ci oublie alors ses limites et devient un système clos, dogmatique, qui oppose de manière stéréotypée le bon au méchant, le sage à l'insensé, et met en avant la doctrine de la rétribution. On postule que le juste sera toujours récompensé par le bonheur et que l'homme injuste verra sa mauvaise conduite immédiatement sanctionnée par le malheur (surtout dans certains passages en Pr 10-15).

La réalité et l'expérience quotidienne, ainsi que de grandes catastrophes comme la destruction de Jérusalem en 587, firent bien vite apparaître que cette sagesse-là s'était engagée dans une voie sans issue. Surgit alors une « crise de la sagesse », dont témoignent les livres de Job et de Qohéleth.

Tout un éventail de réactions

Face à cette dérive de la sagesse, la tradition biblique a conservé tout un éventail de réactions. En voici quelques-unes parmi les plus importantes.

La révolte tout d'abord : dans les discussions avec ses amis, Job refusait une conception par trop « facile » du monde ; sa révolte alla jusqu'à mettre en accusation Dieu lui-même, mais sans pour autant recevoir de lui une réponse rassurante.

L'acceptation d'un monde et d'un Dieu incompréhensibles : Qohéleth tire les conséquences de l'expérience de Job ; il accepte, sans révolte, l'absurdité du monde, et il se résout à tirer profit des bons moments de la vie sans plus chercher la cohérence des choses.

La personnification ou divinisation de la sagesse : l'auteur du poème de Job 28 exprime l'idée que la vraie sagesse est divine et non humaine. La sagesse se rapproche de plus en plus, dans ce texte tardif, de la sagesse égyptienne *(ma'at)* ; elle cesse d'être une capacité humaine pour devenir un attribut de Dieu, puis une sorte de principe éternel présent dès la création, enfin un être divin (cf. Pr 8, 22-31). On retrouve cette idée dans la Sagesse de Salomon qui, écrite en grec, ne fut pas intégrée dans la Bible hébraïque.

La réactualisation de l'idée de rétribution : malgré sa mise en question, certains n'étaient pas prêts à l'abandonner purement et simplement ; ainsi, les discours d'Elihou (Jb 32–37) avancent la thèse d'une pédagogie divine. Ils critiquent l'affirmation trop rigide d'une rétribution immédiate, et ils insistent sur la justice de Dieu. Si le sage doit souffrir, sa souffrance doit être comprise comme une mise à l'épreuve. On retrouve une vue similaire dans le cadre narratif du livre de Job (Jb 1-2 ; 42, 7ss). Elle réapparaîtra plus tard dans les milieux apocalyptiques qui comprendront les épreuves du temps présent comme préludant au rétablissement des justes lors du jugement dernier, comme dans les textes sapientiaux de Qumrân, mais aussi dans le livre de Daniel, et d'autres écrits apocalyptiques.

L'identification de la sagesse à la Loi, notamment dans les livres du Siracide et de la sagesse de Salomon. Par cette identification, la Sagesse perd son caractère individuel. Ce ne sans doute pas par hasard que ces livres n'ont pas été intégrés dans la Bible hébraïque qui insiste sur le caractère universel de la Sagesse.

De quoi lutter contre les dogmatismes

Rappelons encore que les livres de Job et de Qohéleth critiquent une sagesse dogmatisée, la sagesse devenue idéologie.

La réponse de Dieu à Job (Jb 38-41), qui souligne longuement la victoire de Dieu sur les monstres primordiaux afin d'établir l'ordre de la création, ne rappelle-t-elle pas d'ailleurs la préoccupation centrale de la sagesse classique : vivre conformément à l'ordre institué par Dieu ? Certes, dans sa réponse, Dieu met en avant la grandeur insondable de sa création. On peut cependant comprendre son discours comme une invitation à la vraie humilité sapientielle, une humilité consciente des limites imparties à toute sagesse humaine ainsi qu'une mise en garde contre une approche anthropocentrique du monde.

La prise au sérieux d'un ordre du monde et la volonté de le respecter revêtent une actualité évidente. Devant les problèmes écologiques auxquels notre planète est confrontée, le discours sapiential peut rappeler le fait que l'homme doit respecter son environnement, faute de quoi il court à la catastrophe.

La dimension universelle de la sagesse – nous avons vu que les voisins d'Israël partageaient les mêmes préoccupations – peut nous rappeler qu'il existe des quêtes de sens partagées par tous les hommes et toutes les femmes. Elle nous invite au dialogue. Et ce dialogue devient de plus en plus nécessaire à une époque où les intégrismes mènent leur offensive à l'intérieur de toutes les religions monothéistes.

Enfin, face à l'illusion de connaître le destin, le livre de Qohéleth nous confronte à un Dieu lointain et incompréhensible.

L'intégration des livres de sagesses dans les Bibles juive et chrétienne montre que ses destinataires partagent certaines préoccupations avec leurs voisins ; elle sert également de correctif à une approche par trop nombriliste par rapport à Dieu et le monde.

PETITE BIBLIOGRAPHIE

CHAUVIN Jacques, *Job l'insoumis. Dieu n'est jamais celui qu'on croit*, Poliez-le-Grand, Éd. du Moulin, 1994.

HOUZIAUX Alain, *Job ou le problème du mal*, Paris, Éd. du Cerf, 2019.

KEEL Othmar, *Dieu répond à Job (Job 38-41)*, Paris, Éd. du Cerf, coll. « Lectio divina », 1993.

LAVOIE Jean-Jacques, *La Pensée de Qohéleth. Étude exégétique et intertextuelle*, Montréal, coll. « Héritage et projet », 1992.

LELIÈVRE André, *La Sagesse des Proverbes. Une leçon de tolérance*, Genève, Labor et Fides, coll. « Essais bibliques », 1993.

LÉVÊQUE Jean, *Sagesses de l'Égypte ancienne*, Paris, Éd. du Cerf, 1985.

LYS Daniel, *Des contresens du bonheur ou L'Implacable lucidité de Qohéleth*, Poliez-le-Grand, Éd. du Moulin, 1998.

MICHAUD Robert, *La Littérature de sagesse. Histoire et théologie*, Paris, Éd. du Cerf, coll. « Lire la Bible », 1984.

TRUBLET Jacques, *La Sagesse biblique. De l'Ancien au Nouveau Testament*, Paris, Éd. du Cerf, coll. « Lectio Divina », 1995.

VOGELS Walter, *Job. L'homme qui a bien parlé de Dieu*, Paris, Éd. du Cerf, coll. « Lire la Bible », 1995.

COLL., *Sagesses humaines, divine folie*, Paris, Fides, coll. « Lumière et Vie », 1993.

TABLE DES MATIÈRES

Composition : PCA-CMB

Achevé d'imprimer en mars 2020
dans les ateliers de Normandie Roto Impression s.a.s.
61250 Lonrai
Dépôt légal : mars 2020
N°d'impression : 2000767

Imprimé en France